대학도서관의 정보기술 도입과 사서의 직무만족도

대학도서관의 정보기술 도입과
사서의 직무만족도

송 승 섭 著

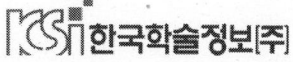
한국학술정보㈜

책 머리에

컴퓨터와 통신 기술을 기반으로 한 대학도서관의 환경 변화는 업무자동화를 통하여 이용의 편리함과 경영의 효율화를 촉진시켰지만, 혁신적인 정보시스템을 급속하게 수용해야 하는 사서들에게는 업무적 부담 못지않게 심리적 부담을 높여왔다. 그러나 지금까지 대학도서관의 정보기술 도입의 영향에 대한 분야별 평가가 미진할 뿐만 아니라 직무만족도 조사와 같은 태도연구가 깊이 있게 수행되지 못하였다.

본 연구의 목적은 대학도서관에 도입된 정보기술의 수준과 사서들의 직무만족도는 어떠한 관계가 있으며, 직무만족도에 중심적인 영향을 미치는 요인이 무엇인가를 구명하고, 정보기술 도입에 대한 조직의 지원수준이나 개인적 준비 수준 등 조직특성과 개인특성이 직무만족도에 미치는 영향을 밝혀냄으로써 인적관리 측면에서 대학도서관의 조직관리와 운영의 효율화를 도모하는 데 있다.

본 연구를 위하여 '대학도서관의 정보기술 도입수준 측정표'를 개발하였고, 허즈버그의 직무만족 2요인 이론의 틀에 맞추어 미네소타직무만족질문지(Minnesota Satisfaction Questionnaire)의 20개의 기본 항목을 수정하여 질문지를 구성하였다. 자료의 수집은 전국 131개의 4년제 일반대학(교) 중앙도서관을 정보기술 도입수준에 따라 3개 집단으로 분류한 다음, 층화계층 표집을 통하여 선정된 전국 27개 대학의 사서 485명을 대상으로 이루어졌다. 질문지의 발송과 회수는 2000년 3월 20일부터 4월 10일까지 실시되었으며 모두 363부(회수율, 77.1%)의 유효한 질문지가 분석에 이용되었다. 먼저 응답자의 인구 및 직력 통계를 분석한 다음, 신뢰성과 타당성을 검증하여 8개 영역 25개의 종속 변인을 추출하였다. 각 변인에 대한 기술적 통계를 살펴보았으며, 최종적으로 가설을 검증하기 위하여 분산분석, 다변량 분산분석, T-검증, 상관분석 방법을 사용하였다. 분석 결과는 다음과 같다.

첫째, 정보기술의 도입수준에 따라 직무만족도는 차이가 있다. 정보기술 도입수준이 높은 도서관에 근무하는 사서일수록 직무만족도가 높다. 또한 정보기술 도입수준이 높은 대학도서관에 근무하는 사서들의 동기유발요인(성취감, 인정, 직무자체, 책임감, 자기발전)이 정보기술 도입수준이 낮은 대학도서관에 근무하는 사서들보다 높아 직무만족요인에 유의한 차이가 있다.

둘째, 정보기술의 도입에 대한 경영참여 및 조직지원 수준과 직무만족도는 관계가 있다. 정보기술 도입과정의 의사결정 참여도와 직무만족도는 비교적 높은 수준의 상관관계(r=0.553)를 나타냄으로써 정보기술 도입과정에 사서의 참여도가 높을수록 직무만족도가 높아짐을 알 수 있다. 정보기술 도입과정이 사서직 주도로 이루어진 경우와 다른 직종 주도로 이루어진 경우와는 직무만족도에서 유의한 차이가 있다. 사서직 또는 사서직과 전산직 중심으로 정보기술 도입이 진행되었을 경우가 전산직, 행정직 등 다른 직종에 의해 주도된 경우보다 직무만족도가 높아진다. 의사결정 주도층에 따라 직무만족도에 차이가 나타났는데 의사결정과정의 참여 범위가 최고경영층에서 전체 직원으로 확대될수록 직무만족도가 높아진다. 또한 최고경영층의 정보기술 지원도와 직무만족도는 비교적 강한 상관관계(r=0.584)를 나타냄으로써 최고 경영층의 정보기술에 대한 지원도가 높을수록 직무만족도가 높아짐을 알 수 있다.

셋째, 정보기술 도입수준에 적응하기 위한 개인적 준비 수준과 직무만족도는 관계가 있다. 사서들의 개인별 컴퓨터 능력과 직무만족도는 유의한 차이가 있어 컴퓨터 능력이 높은 집단이 낮은 집단보다 직무만족도가 높게 나타났지만 상관관계(r=0.248)는 다소 미약한 것으로 나타났다. 한편 정보기술 도입과정에서 이수한 교육 및 훈련 수준과 직무만족도는 비교적 강한 상관관계(r=0.581)를 나타냄으로써 교육 및 훈련 이수 수준이 높을수록 직무만족도가 높아짐을 알 수 있다.

넷째, 인구 통계학적 특성 및 직력에 따라 직무만족도에 차이가 있다. 사서의 컴퓨터이용 1일 평균 근무시간량, 근무 부서, 성별, 학력, 직급 및 직위에 따라 직무만족도에 유의한 차이가 있다.

이와 같은 연구결과를 기초로 하여 대학별로 직무 재설계를 위한 직무만족 영향요인을 구명하고, 참여 경영의 수준을 높일 수 있도록 조직구조의 개편 등 최고경영층의 정책적 지원방안이 강구되어야 하며, 사서 개개인이 자관의 정보시스템에 친숙할 수 있도록 교육 및 훈련이 계속적으로 이루어져야한다는 점을 제언한다.

목   차

표 목차

그림 목차

1. 서 론

1.1 연구의 필요성

정보화 사회라고 하는 시대적 패러다임의 변화는 사회 전반에 걸쳐 엄청난 변혁과 혼란을 가져왔다. 사회적 가치와 기술의 혁신적인 변화는 정치 경제 사회 문화 전반에 걸쳐 급격한 영향을 미쳤고, 연구와 학습을 위한 지식과 정보의 중심지로서의 대학의 정보 환경에도 많은 변화를 촉진시켰다.

대학의 정보환경 변화는 대학별로 진행 순서나 속도의 차이는 있지만 대체로 학사행정의 전산화로부터 시작하여 도서관업무의 전산화, 교내 전산망의 구축과 활용 등의 방향으로 발전하여 왔다. 그러나 무엇보다도 대학의 기본적인 존립 이유와 기능이 교육과 연구에 있다는 측면에서 볼 때, 캠퍼스 정보화의 핵심은 도서관이며 이것은 새로운 정보기술의 도입과 그 맥을 같이 한다고 볼 수 있다.

우리나라 대학도서관의 정보기술 도입은 크게 보아서 1980년대에 도서관 자동화 차원에서 시도되었으나 1990년대에 이르러서 국가 정책적 배려와 대학평가 가운데 본격화되어서 지금은 전국 대부분의 대학이 도서관 자동화시스템을 갖추게 되었다. 자동화시스템은 토탈 시스템의 개념으로 수서, 목록, 대출·반납, 검색, 상호 대차, 정기간행물 등 도서관의 운영 및 관리의 전 분야에 걸쳐 시도되어 왔고, 최근에 와서는 LAN(근거리통신망)과 인터넷을 통하여 CD-Networking, 온라인 데이터베이스 검색, 홈페이지 운영 등 다양한 기능을 부가하여 이용자 중심의 서비스를 지향하고 있다. 또한 과거와는 달리 단순한 목록이나 목차제공 수준의 참고봉사가 아니라 전문 검색이 이루어지고 있고, 제공 자료도 멀티미디어화 되어가고 있으며, 아직은 제한적이지만 디지털 도서관의 기능을 확대해 가고 있다.

이와 같은 도서관 기능의 다양화는 컴퓨터와 정보통신이 통합된 정보기술의 결과로서 수요자 측면에서는 편리성이 배가되고 효율적인 정보입수가 보장되는 시스템이지만 정보제공자 측면에서는 많은 장비 구입과 고도의 기술 및 전문적인 지식이 요구되는 일로서 도서관 자동화의 역사와 기반이 미약한 우리나라에 있어서는 많은 문제점이 발생하고 있다.

특히 미국 등 도서관 선진국들이 1960년대부터 도서관 자동화를 위한 정보기술을 체계적으로 도입하여 단계적인 과정을 거쳐 최근까지 점진적으로 발전해 온 반면, 우리나라는 앞서 언급한 것처럼 비교적 최근인 1990년대에 본격적으로 도입하여 후발 도입 국으로서의 선진기술의 엄청난 성과를 저비용으로 손쉽게 도입하는 이점도 있었지만 축적된 기술적 토대가 부족하고 무리한 경쟁적 개발로 인하여 많은 시행착오를 겪어 왔다. 무엇보다도 전통적 도서관 기술을 기반으로 안정적인 직무패턴을 유지해 오던 많은 사서들에게 이러한 급격한 기술 변화는 업무 부담과 함께 적지 않은 심리적 영향을 미쳐왔다. 그럼에도 불구하고 아직까지 정보기술 도입의 영향에 대한 분

야별 평가가 거의 이루어지지 않았다. 이제 우리나라의 대학도
서관도 선진국 수준은 아니지만 다른 관종의 도서관에 비하면
새로운 정보기술이 상당수준 도입된 상태이므로 그 영향에 대
한 분야별 평가가 필요한 시기가 되었다. 그중에서도 정보기술
도입이 인간적 측면에 미치는 영향에 대한 연구는 지금까지
기술적 측면의 연구에 치중한 나머지 쉽게 간과해 왔다. 그러
나 인간적 측면에서의 정보기술 도입에 대한 조직 구성원의
직무만족도 조사는 정보기술 도입의 영향을 분석하기 위해서
반드시 필요한 일일 것이다. 직무만족도는 개개인의 내적 감정
상태를 다루는 독특한 특성 때문에 그 실체 파악에 어려운 점
이 있고, 수량화 및 측정이 복잡하다는 이유에서 지금까지 다
른 분야에 비하여 심도 깊은 연구가 이루어지지 않았다. 그러
나 정보기술 도입과정에서 일어날 수 있는 여러 가지 문제점
을 예방적 차원에서 해결하지 않고 시스템에 대한 부적응 사
태가 발생하거나 관리자나 구성원 사이의 갈등이나 고충에 직
면해서 문제해결을 시도할 경우에는 그 본질이 왜곡되기 쉽고
보다 많은 시간과 노력이 투입되어야 할 것이다. 그러므로 아
직 행동으로 표출되기 전 단계인 직무만족관련 태도를 정확히
측정하고 예측함으로써 정보기술 도입에 따른 긍정적 요인과
부정적 요인을 적절히 통제하여 인적 관리와 업무 효율성을
제고할 수 있을 것이다.

이에 대해 지금까지 국내에서 수행된 연구는 거의 없는 실
정이다. 몇 가지 연구도 도서관의 전산관련 사서를 대상으로
이루어졌으며, 그 외 표본이 지역적으로 편중되거나 소수의

표본을 가지고 직무만족의 부분적인 양상만을 다루었기 때문에 깊이 있는 연구가 이루어지지 못하였다. 오늘날 정보기술이 조직 구성원에게 미치는 영향은 도서관 전반에서 일어나는 하나의 보편적 현상이 되었으므로 전체 사서의 직무와 관련하여 깊이 있게 평가하여 볼 필요가 있을 것이다. 또한 앞으로 가상대학시스템이나 전자도서관시스템의 지향 등 대학도서관 자동화시스템의 범위가 확장되고 그 질적 수준도 향상됨에 따라 사서들에 대한 정보기술의 영향도 확대될 것이며, 이와 관련한 연구의 필요성도 계속 높아질 것이다.

1.2 연구의 목적

일상적으로 수행되는 모든 업무는 사용 기술에 의하여 영향을 받는다. 기술의 발달에 따른 사용 기술의 정도나 수준에 의해서 부각되는 업무나 신설되는 업무가 생기는가 하면, 통합되거나 축소 또는 아예 없어지는 업무가 생기고 있다. 그런데 모든 조직은 그 구성원들에 의해 유지·발전되기 때문에 새로운 정보기술의 도입은 업무의 변화는 물론 그 업무를 담당하는 사람의 내적 상태에도 자연스럽게 영향을 미친다고 볼 수 있다.

이러한 관점에서 이미 시작된 정보화 사회의 도래에 따라 급진적으로 도입되고 있는 정보기술의 혁신적인 시스템들은 업무의 내용 자체에 대한 기본적인 변화와 함께 이를 수용하는 과정에서 조직 구성원의 심리적 측면에도 많은 영향을 미쳐왔다. 같은 맥락에서 대학도서관의 정보기술 도입도 모든 업무의 변화는 물론 사서의 심리적인 면에도 영향을 미치고 있다.

특히 새로운 환경변화에 대한 동기부여나 사전인지 등의 준비가 미흡한 상태에서 급격한 변화에 적응하지 못하는 경우에는 개인적으로는 조직에서 소외될 수 있으며, 소외된 개인이 많을수록 그 조직도 정상적인 발전을 기대하기 어려울 것이다. 따라서 이러한 불가피한 도전에 대한 직절한 내용과 준비가 부족하다면 개인적인 문제는 물론 조직 관리의 커다란 문제가 될 수 있다.

본 연구는 이러한 문제를 해결하기 위하여 먼저 대학도서관에 도입된 정보기술의 수준과 직무만족도는 어떠한 관계가 있으며, 어떤 특정한 요인들이 직무만족도에 중심적인 영향을 미치고 있는가를 밝히고자 한다. 그리고 정보기술 도입에 대한 조직지원수준(정보기술 도입과정의 참여도, 최고경영층의 지원도, 정보기술 도입과정의 주도층 등)이나 개인적 준비수준(컴퓨터 이용능력, 교육 및 훈련 수준), 즉 조직 특성이나 개인 특성이 직무만족도에 어떠한 영향을 미치는가를 구명함으로써 대학도서관의 조직 관리와 운영에 있어서 인적 관리의 효율화를 도모하고자 한다.

그러나 본 연구는 대학도서관의 정보기술 도입 이전과 이후의 사서의 직무만족도를 비교 평가한 것은 아니며, 정보기술 도입의 영향에 대한 평가는 현시점의 정보기술 도입 환경에서 중요한 문제로 고찰된 변인과 사서의 직무만족도의 관계로 제한하였다.

2. 이론적 배경

2.1 대학도서관의 환경 변화와 정보기술 도입

대학도서관의 환경변화는 시대적 변화에 따라 여러 가지 측면에서 논의될 수 있지만 여기에서의 주된 논의는 '도서관 업무 자동화'로 지칭되는 기술혁신과 정보 서비스를 위한 새로운 정보기술 도입으로 인한 변화에 초점을 맞추었다.

미국의 경우를 약술하면, 도서관 자동화는 1950년대부터 연구되기 시작하여, 1960년대에는 자관용 시스템이 등장하였고, 1970년대에 이르러서는 미니컴퓨터의 사용과 함께 온라인 시스템이 등장하였으며, OCLC 등 서지 유틸리티 활용이 가능하게 되었다. 1980년대는 도서관 자동화가 주류를 이루었던 시대로 상업용 턴키시스템이 개발되었고, 지역 중심의 통합된 도서관 시스템 환경 하에서 미니컴퓨터와 마이크로컴퓨터를 기저로 하는 전산시스템이 확대·보급되었다. 이로 인해 미국의 대부분의 대학도서관이나 공공도서관들이 토탈 시스템과 LAN에 의한 다기능 네트워크를 갖춤으로써 많은 이용자들의 활용 범위를 높여 놓았다. 1990년대에 이르러서는 급속한 정보통신기술의 발달에 따른 인터넷 시대를 맞이하여 전자도서관의 설립 등을 가져오게 되었다.

우리나라의 경우는 미국에 비해 전반적 발달이 20년 정도 뒤진 가운데 1980년대에 들어 중형컴퓨터를 처음으로 이용하여 외국 시스템의 도입과 자체개발 형태 등을 갖춘 도서관 자동화시스템이 진전되기 시작하였다. 1990년대에 와서는 국가 정책적 반영, 전산장비의 가격대 성능향상, 경험축적에 힘입어 자관용 시스템의 기본 면모를 갖추고 대학 캠퍼스 네트워크의 일익을 담당하게 되었다.

그러나 우리나라의 경우, 후발 효과로서 외국 도서관자동화의 선례와 기술을 응용할 수 있는 유리한 배경에도 불구하고 고가의 전산장비, 국내 기술 미비와 경험의 부족, 사서의 전산에 대한 인식 부족, 서지 유틸리티와 시소러스의 미비 등 여러 가지 문제점을 안고 있다.

도서관자동화로 인한 환경변화를 좀 더 포괄적인 입장에서 정리하면 사회적인 정보환경의 변화와 맥을 같이 하는데 뉴미디어의 대두와 디지털 정보처리 기술의 발달로 인한 도서관 패러다임의 변화로 요약할 수 있다.

먼저, 도서관 자료 및 정보서비스 개념의 진보적 변화이다. 정보매체의 전자화, 도서관 업무 및 서비스의 전산화, 네트워크 환경의 구축 등으로 소장중심에서 접근중심으로 도서관의 기본 축이 변모하고 있다.

다음, 기술업무 중심의 도서관에서 이용자 중심적, 주제 중심적 도서관으로 변모하고 있다(한상완, 1998). 대학도서관의 이러한 변화 이외에도 종합평가 인정제 도입, 교수연구 업적 평가제 도입, LAN구축과 멀티미디어를 통한 교수-학습방법 및 연구 패턴의 개선, 대학 행정 및 학술정보 체제의 전산화 등의 다양한 주변요인으로 인하여 대학은 혁신의 중심부에 서 있다고 볼 수 있다. 실제 최근의 대학도서관의 정보화 기반 구축 현황 및 전자정보 서비스 제공현황을 조사한 결과에 따르면, 현재 대부분의 대학에서 주 전산기를 확보(79.8%)하고 있고, 교내 도서관망을 교내 및 외부 통신망과 접속(81.82%)하고 있으며 CD-ROM, 온라인 서비스를 제공(78.8%)하고 있는 것으로 나타났다(강숙희, 1998).

국내의 도서관 전산화 현황에 대한 전체적인 통계를 보더라도 1989년 도서관자동화 기관이 전체 116개 기관에 불과하던 것이 1999년 963개 기관으로 8배 이상 증가하였고, DB 구축 수도 1993년 9,500,146건에서 1999년 102,506,745건으로 10배 이상 신장하였을 정도로 우리나라 도서관 전반에 걸쳐 기술정보화의 기반이 대단히 커졌다고 볼 수 있다(한국도서관협회; 1989, 1999).

이렇듯 사회적인 정보환경의 급속한 변화와 맞물려 우리나라의 도서관 환경도 급속한 변화를 가져왔고 이 과정에서 여러 가지 문제점이 노출되고 있다. 특히, 정보기술의 발전에 따른 새로운 도서관 환경에 대처하여 도서관 전문직으로서의 사서의 역할과 책임의 변화 등 개인적 차원의 문제에서부터 도서관 조직 구조와 설계의 재조정, 도서관과 이용자 간의 새로운 커뮤니케이션 관계 등도 중점적으로 거론되고 있다(Creth, 1995). 따라서 그동안의 자동화 과정의 문제들도 기술적 측면에서 조직적 측면과 인간적 측면으로 그 핵심이 옮겨가게 되

었다. 그러나 도서관 자동화의 기술적 문제에 대한 논의와 조
직에 미치는 영향에 관한 자료는 상당부분 축적된 반면, 개개
의 도서관 구성원들에게 미치는 영향에 대한 연구는 그다지
진전되지 못했다. 아직까지 우리나라에서는 기계가 사람에 맞
추어 수정되는 것보다는 사람이 기계에 맞추도록 만드는데 더
관심을 갖고 있다고 볼 수 있다. 이러한 측면에서 도서관 자동
화의 측면, 즉 새로운 정보기술의 도입은 도서관 구성원이 관
련 업무를 좀 더 쉽게 하고 가치 있게 하기 위한 훌륭한 인간
적 정책이며 경제적 관점에서도 결코 생산성에 손상을 입히지
않는 방향으로 수행되어야 한다는 논의가 대두 된 바 있다
(Olsgaard, 1988).

2.2 직무만족관련 이론

조직은 특정한 목표를 달성하기 위하여 구성된 집합체로서
그 구성원의 협동행위를 통해 목적을 달성한다. 곧 조직은
그 구성원인 개인을 통하여 목표를 실현하고 개인은 조직을
통하여 욕구를 충족시키게 된다. 따라서 조직의 목표와 개인
의 욕구가 일치되고 조직의 합리성과 개인의 행복이 조화를
이루는 것이 가장 바람직하지만 상호간의 갈등관계가 상존하
는 것이 일반적인 현상이다. 조직과 개인은 상호간에 영향적
요인을 부여하며 공존한다. 곧 조직은 개인의 귀속적 조건으
로 직위, 역할, 보수, 집단 및 조직의 구성원 자격을 부여하
며 개인은 조직에 대해 지식, 기술, 일반적 노동과 전문적 노

동, 성격, 태도, 가치관 등의 개인적 특성을 부여하고 소속 조직의 성격과 업적, 사회적 평가에 영향을 미친다. 따라서 조직이론은 관리전략의 차원에서 인간의 행동을 조직의 요청에 부응시키기 위하여 조직을 구성하는 인간을 어떻게 다룰 것인가에 대한 다양한 이론으로 발전하여 왔다.

1910년대부터 테일러(F. W. Taylor)를 기축으로 시작된 소위 과학직 관리법은 인간의 작업에 내한 태도를 기세와 유사한 것으로 해석함으로써 생산성 향상을 목적으로 한 작업요소의 단순화, 표준화, 전문화 등 이론적 효율성을 강조한 나머지 조직구성원의 욕구좌절, 불만족, 인간성의 소외 등의 비인간화와 같은 심리적 상태를 유발하였다. 이후 메이오(E. Mayo) 중심의 호오손 공장실험을 통한 인간 관계론의 진전된 결과로 인간의 동기와 행위연구가 대두되었다. 따라서 행동과학적 관점에서 새로운 직무설계기법이 도입되어 직무순환, 직무확대와 직무충실화 등이 여러 동기이론가에 의해 제안되었다. 특히 허즈버그(Herzbeg et al., 1959, 1993) 등은 일에 대한 성취감, 업적에 대한 인정감, 직무 자체에 대한 동기를 강조하여 업무를 다양화하는 동시에 직무 수행자의 자율성 및 독립성을 증대시키고 이들에게 보다 많은 책임을 부여하여 직무의 내용을 수직적으로 심화시키는 직무충실화에 많은 관심을 기울였다. 동기유발요인은 곧 직무만족요인으로, 이후 허즈버그의 직무만족요인은 지금까지 많은 학자들에 의해 직무만족에 영향을 미치는 공통적인 요인으로 인식되어 왔다. 그런데 직무만족은 구성원의 내적 감정상태라는 독특한 특성 때문에 실체의 파악과 수량화 및 측정이 복잡하고 또한 그 결과가 반드시 직접 행동으로 연결된다고 볼 수 없기 때문에 관리측면에서 간과되기 쉽다. 그러나 관리자나 구성원 사이의 갈등이나 고충에 직면해서 문제 해결을 시도할 경우에도 그 본질이 왜곡되기 쉽고 상당한 시간과 노력이 투입되어야 함에 따라 아직 행동으로 표출되기 전 단계인 직무만족 태도를 정확히 측정하고 예측함으로써 갈등요인을 규명하고 효율적으로 조직을 관리할 필요가 있는 것이다(안근석, 1986).

직무만족의 개념 논의에 대해서는 학자별로 차이는 있지만 대표적으로 거론되고 있는 로크(Locke, 1976)와 맥코믹과 일겐(McCormick and Ilgen, 1980) 등의 직무만족에 대한 정의를 종합해 볼 때, 직무만족은 유쾌한 감정의 상태로 이것은 행동이나 활동이 아닌 태도, 신념, 요구 등과 밀접한 관계를 맺고 있다. 따라서 넓은 의미에서 직무만족은 행동에 강한 영향을 미치는 사고와 감정으로, 이는 학자에 따라 여러 가지 개념으로 표현되어 왔다. 따라서 직무만족에 이르는 여러 요인을 행동유발 요소와의 관계에서 파악할 수 있는데 호드킨슨(Hodkinson, 1978)은 자아, 동기, 가치관, 태도, 행동을 연속적인 선상으로 보아서, 동기를 가치의 근본으로 가치를 태도의 근본으로 하여 태도를 감각기관이 외부 세계와의 접촉영역에서의 가치표현 행위로 보았다.

허시와 블랜차드(Hersey and Blanchard, 1982)는 행동을 자극하는 심리적 요인으로서 태도와 비슷한 개념으로 동기를 강조하고 코헨(Cohen, 1981)도 동기를 행동을 유발하고 활성화하며 목표 지향적으로 행동의 방향을 정하는 내적 상태로 보았다. 이와 같이 직무만족과 관련된 이론은 행동을 유발시키는 요소로서 태도, 동기, 가치관, 신념과 관련된 것이지만 그동안 연구자 간의 개념적 합의 부재와 이에 따른 대상의 조작화 및 측정방법의 불일치가 있어 왔다. 또한 이러한 행동유발 요소에 대한 하나의 평가로서 직무만족에 영향을 미치는 요인 설정도 조직의 특성과 작업의 특성에 따라 학자들 간에 다르게 제시되고 있다. 그중에서도 직무설계에 따른 직무만족과 동기의 개념을 종합한 이론이 앞서 제시된 바 있는 허즈버그의 동기-위생이론이다. 이 이론은 마슬로우(A. H. Maslow)의 욕구단계이론과 부분적으로 유사하지만 현대적 관점에서 낮은 수준의 욕구가 일반적으로 만족되었다는 점을 전제로 하고 있고, 낮은 수준의 욕구(위생요인 또는 환경요인)가 만족되지 않을 경우에는 직무불만족이 야기되지만 그 역은 성립되지 않는다는 것이다. 그 특징을 다시 요약하면, 인간은 이원적인 욕구구조를 가지고 있어서 불만과 만족은 별개의 차원으로 불만을 야기하는 요인과 만족을 야기하는 요인은 서로 다르다는 것이다. 따라서 불만요인의 제거는 소극적 단기효과에 그치며 만족요인의 확대는 적극적 장기 효과를 갖는다는 것이다.

위에서 일부 살펴보았지만 지금까지 인간의 일반적 욕구이론은 마슬로우의 욕구단계에 기초를 두고 설명하는 경우가 대부분이며 조직 내의 직무만족과 동기에 대해서는 맥그리거

(McGregor)의 X, Y이론, 앨더퍼(Alderfer)의 ERG이론, 아지리스(Argyris)의 미성숙·성숙이론, 리커트(Likert)의 관리체제론, 맥클리랜드(McClelland)의 성취동기이론, 브룸(Vroom)의 기대이론, 포터와 로울러(Poter and Lawler)의 업적－만족이론, 아담스(Adams)의 공정성 이론 등과 함께 허즈버그의 직무만족 2요인 이론이 널리 알려져 있다. 이 중 허즈버그의 이론은 직무만족과 동기에 대한 대표적인 이론으로 그 특성과 장점이 널리 알려져 있지만 개개인의 특성이나 차이를 무시한 일반화된 인간 본성에 대한 연구이며, 만족요인과 불만족요인의 구분이 확실하지 않다는 비판을 들어왔다.

그러나 이러한 비판에도 불구하고 본 연구의 이론적 배경의 기본적인 틀을 허즈버그의 직무만족 2요인 이론(욕구충족요인 이원론)에서 찾으려고 하는 것은 최근까지 가장 많이 응용되어 왔고 조직 구성원의 내적 동기요인을 유발시키는 가장 현실적인 방법을 찾을 수 있으며, 이 이론을 플레이트와 스톤(Plate and Stone, 1974)을 비롯하여 여러 연구자들이 사서직에 적용함으로써 그 활용력을 입증하였기 때문이다. 특히 본 연구가 새로운 정보기술의 도입 즉, 새로운 정보환경이 가져다주는 변화에 대한 조직 구성원에 미치는 심리적 영향 요인을 측정하는 데 있는 만큼, 조직특성의 성격을 갖고 있는 불만족요인(환경요인 또는 위생요인)과 직무특성의 성격을 갖고 있는 만족요인(동기요인)을 다 같이 평가하는데 이 이론은 도움이 될 것으로 보인다. 이는 허즈버그가 제시한 불만족요인은 환경적 요인으로서 물리적, 사회적 박탈을

회피하려는 인간의 지배적 요구로부터 발생하는 반면, 직무
만족요인은 자아실현을 위해 인간적 잠재력을 개발하려는 자
아실현욕구 즉, 완성욕구로부터 발생한다고 보기 때문이다.

그동안 대학도서관은 다른 조직에 비하여 비교적 불만족요
인으로 일컬어지는 환경요인(인간관계, 경영 및 정책, 감독,
작업환경, 임금)보다는 전문직 종사자로서 자긍심을 갖고 동
기화 요인 즉, 직무만족요인(직무상의 성취, 직무성취에 대한
타인의 인정, 직무내용자체, 책임감 및 자율성, 승진 또는 발
전)의 큰 줄기가 되는 자기실현과 성취에 큰 의미를 주어왔
다. 그러나 최근의 대학도서관 내에서의 새로운 정보기술의
도입에 따른 급격한 변화에 따라 과거의 안정적 요인으로 평
가되었던 환경도 많이 바뀌었다는 점에서 새로운 평가가 필
요할 것으로 보인다.

이 밖에 관련 연구로서 허즈버그의 이론에 근거하여 직무
만족요인을 제고시키려는 직무충실화에 대한 논의가 핵크만
과 그의 동료들(Hackman et al., 1983)에 의해 이루어졌고 직
무설계 기법이 발전되면서 직무의 어떤 특성이 직무만족, 작
업동기, 직무수행을 증진시키는가에 대한 관심이 진전되어
직무특성 이론으로 발전하였다.

로우러(LawlerⅢ, 1994)는 직무특성(job characteristics)으로
다양성, 자율성, 요구되는 상호작용, 선택적 상호작용, 요구되
는 지식과 기술, 책임감 등을 제시한 투너와 로우런스(Tuner
and Lawrence, 1965)의 이론 등 관련 학자들의 연구결과를 모
아 동기에 대한 직무특성의 효과를 설명하였다. 이와 같이 직

무와 관련된 요인들은 시대의 변화에 따라 학문 분야별로 다
양한 학자들에 의해 연구되어 오는 과정에서 관점에 따른 차
이가 발생하고 있으나 발전적으로 진행되어 왔다.

　지금까지의 대표적인 연구 결과를 가지고 직무만족에 영향
을 미치는 요인을 종합하면 다음의 <표 2-1>과 같다. 이 표
에서 볼 수 있는 것과 같이 직무만족과 관련된 요인은 직무
의 특성, 조직의 특성과 관련된 것이다. 따라서 조직의 구성
원인 개인 특성과 결합하여 개개의 연구의 성격에 맞게 그
이론을 적용하고 이에 따른 조작화 및 측정 방법을 설정할
필요가 있을 것이다.

<표 2-1> 직무만족에 영향을 미치는 요인

학　자	영　향　요　인
Herzberg (1959, 1993)	만족요인: 성취감, 인정, 직무자체, 책임, 성장
	불만족요인: 회사정책, 감독, 보수, 대인관계, 작업조건
Vroom(1964, 1995)	감독, 작업집단, 직무내용, 임금, 승진의 기회
Locke(1976)	직무자체, 임금, 승진, 인정, 부가급부, 작업조건, 감독, 동료, 회사정책
Hackman (1977, 1983)	기술의 다양화, 과업의 정체성, 과제의 중요성, Feed back, 자율성
Jurgenson(1978)	발전(승진에 대한 기회), 부가급부(휴가, 연금, 보험, 질병수당 등), 회사(회사에서 작업하는 것에 대한 자부심), 동료, 시간, 임금, 안전, 감독, 작업유형, 작업조건
Milton(1981)	직무자체, 임금, 승진, 인정, 복지후생, 작업조건, 감독, 동료, 회사정책

2.3 선행연구

정보기술의 도입, 도서관 자동화, 또는 기술혁신으로 불리어지는 도서관의 환경변화가 도서관 구성원에게 미치는 영향에 대한 연구는 미국을 비롯하여 캐나다, 영국 등에서는 이미 1960년대부터 시작하여 지금까지 계속되고 있으나 국내에는 거의 없는 실정이다.

지금까지의 선행연구를 조사해 본 결과, 도서관자동화가 시작되면서 정보기술 도입이 사서 등 도서관 구성원에게 미치는 영향에 대한 평가는 주로 크게 두 가지 방향의 연구 방법론적 틀을 적용하여 이루어져 온 것으로 볼 수 있다.

먼저, 공통적으로 산업심리학이나 행동과학적 측면에서 주로 사서의 심리적 요인을 중심대상으로 하였다. 이것은 도서관이 봉사기관이라는 측면에서 투입-산출, 또는 비용-효과에 대한 계량적 측정이 쉽지 않기 때문일 것이다. 그런데 이를 다루는 한 방법으로는 정보기술 도입이 직무에 미치는 영향요인을 단순한 태도조사 형태로 추출하여 분석한 연구가 상당수이고, 또 다른 형태로는 직무만족도를 종속변수로 보고 정보기술 환경의 내·외적인 다양한 환경요인을 독립변수로 설정하여 유의성을 검증하는 방법을 택하고 있다. 곧, 직무만족도 조사와 같은 연구 방법론적 도구를 이용한 경우나 그렇지 않는 경우 모두에 있어서 밝히고자 하는 영향요인의 범위와 측정 요소는 거의 차이가 없고 중복되는 경우가 대부분이었다. 앞서 이론적 배경에서도 일부 언급되었지만 사서의 '태도'라는 개념과 '직무만족'이라는 개념에는 이론적으로 모호한 개념적 혼재가 있는 것이 사실로서 선행연구들을 종합해 볼 때, 태도는 직무만족에 이르는 행동유발요소로서 자아, 동기, 가치관, 태도, 행동의 연속선상에서 볼 수 있고, 또 다른 관점에서 태도조사의 도구로 직무만족도 조사가 수행되고 있다는 점이다. 그러므로 본 연구의 목적상 개념적 논의는 제외하고 넓은 의미에서 태도 연구나 직무만족 연구를 동일 수준의 관련 연구로 취급하였다.

2.3.1 국내 연구

국내 연구는 앞서 살펴 본 것과 같이 대학이 정보기술을 본격적으로 도입하기 시작한 1990년대 초부터 주로 자동화가 도입된 대학도서관의 전산관련 사서들을 대상으로 정보기술이 도서관 직원 및 조직에 미친 영향에 대한 태도연구를 중심으로 수행되었다. 관련 연구를 보면 다음과 같다.

권미아(1992)는 7개 경인지역 종합대학의 도서관 자동화 관련 업무와 자동화된 부서에서 근무한 경험이 있는 사서 79명을 대상으로 도서관 자동화가 사서에게 미친 영향에 대해 요인 분석을 실시한 결과, 성취감, 업무수행, 기술성, 인정요인은 증가하고 사회성 요인은 감소하였으며, 성취감 요인은 자동화된 부서의 근무연한에 따라, 사회성 요인은 학력에 따라, 업무수행요인은 연령과 직위에 따라, 인정요인은 연령,

직위, 직급, 근무 연한에 따라 유의한 차이가 나타났다고 밝혔다. 또한 자동화에 대한 사서들의 태도에 대한 요인분석 결과는 성취감 요인, 인정요인, 개인성 요인에는 긍정적이었으나 직원증감, 전망요인, 사회성 요인에는 부정적인 것으로 나타났다.

정동진(1995)은 Work Station급 이상의 주전산기를 보유하고 3개 이상의 서브시스템을 가동하고 있는 경인지역 9개 사립대학 도서관 사서 145명을 대상으로 개인적인 배경, 도서관 환경, 전산화의 내용에 따른 직무만족도의 차이를 조사하였다. 이 연구를 통해 전산교육경험이 많을수록, 도서관 전산화작업에 핵심적으로 참여할수록, 도서관이 전산화 도입 및 운영에 주도적인 역할을 할수록 직무만족도가 높은 것으로 나타났다. 또한 시스템 운영에 있어서는 S/W를 자체 개발한 경우, 도서관전용 주전산기가 있을 경우, 시스템이 다 기능인 경우에 만족도가 높은 것으로 나타났다.

김혜주(1995)는 경인지역 7개 대학도서관 사서 103명을 대상으로 자동화에 따른 조직변화를 인력구조, 조직구조, 직무구조의 차원에서 조사하였다. 조사 결과, 사서의 직무관련 변화요인은 자동화에 대한 선호도 증가(71.8%), 업무에 대한 흥미 증가(55.3%), 정신적 스트레스나 신체적 고통증가(56.3%), 연공서열질서에서 능력위주로의 변화(32%) 등으로 나타났고, 개인적 컴퓨터 운영능력은 연령이 낮을수록 높으며(61.2%), 사서의 근무 경력과는 무관하지만(60.2%), 직급이나 관리자의 리더십에는 많은 영향을 받았다(60.2%). 또한 직무구조적 차원에서

보면 업무처리 단계(44.7%), 일일 업무량(47.6%), 타부서·기
관과의 협력관계(51.1%) 등은 증가하여 업무 부담은 늘어났지
만 일반적으로 업무 자동화로 인해 새로운 만족감을 갖는 것
으로 나타났다(43.7%).

　방준필(1997)은 전국 84개 대학도서관에 근무하는 107명의
전산 사서(system librarians)를 대상으로 수정된 직무진단조
사(Job Descriptive Survey: JDS)를 통해 직무특성, 조직특
성, 개인특성을 독립변인으로 하고, 작업성과 요소를 종속변
인으로 선정하여 작업성과를 높이는 요인을 밝히려고 하였
다. 직무진단조사 결과, 직무특성 중 작업성과를 높이는 요인
은 자율성, 과업의 중요성, 기술의 다양성, 상사피드백 순으
로, 조직특성에서는 직장의 안정성, 하드웨어와 소프트웨어의
성능, 동료 순으로, 개인특성에서는 성장요구강도, 지식수준,
전산업무 경력 순으로 예측력을 갖는다는 것을 밝혀냈다.

　이 밖에 정보기술 도입의 영향과는 직접적인 관계는 없지
만 대학도서관 사서직의 직무만족도와 관련된 연구를 조사해
본 결과, 상당수의 연구가 있는 것으로 나타났다. 그러나 참
고자료 목록에서 볼 수 있듯이 대부분의 연구가 문헌정보학
분야보다는 경영대학원과 행정대학원 및 교육대학원에서 이
루어진 연구(석사학위 논문 19편중 14편)로서 그중의 일부는
직접적으로 직무만족도 조사를 수행하지 않은 연구도 있음을
알 수 있다. 다만 이러한 연구들을 통해서 우리나라에서 실
시된 직무만족도 조사관련 대부분의 연구도 그 이론적 틀로
서 마슬로우의 욕구계층이론(유소영, 전재봉, 정춘화, 정경란,

홍영미 등)과 허즈버그의 2요인 이론(권미아, 장희발, 최림학 등)에 바탕을 두고 있다는 사실을 발견할 수 있었다. 또한 대부분의 연구에서 리커트 방식의 5점 척도로 직무만족도를 측정하였는데 그 범위는 평균적으로 2.7에서 3.1 사이로 나타나 우리나라 사서의 대부분이 중간 정도의 직무만족을 경험하고 있음을 알 수 있다.

2.3.2 국외 연구

미국 등 유럽의 여러 나라들은 1960년대 이전에 이미 도서관 자동화를 위한 정보기술 도입 문제가 대두되기 시작되었기 때문에 관련 연구도 일찍 시작되었다. 그러나 본 연구에서는 가급적 최근의 연구 동향을 참고하기 위하여 1970년대 중반 이후의 연구 중 '정보기술이 도서관 직원 및 조직에 미치는 영향'을 중심으로 한 연구들을 대표적으로 살펴보았다.

루콰이어(Luquire, 1976)는 ARL의 회원이면서 OCLC에 참여하고 있는 도서관직원 269명을 대상으로 도서관 자동화에 대한 수용 또는 거부 정도에 영향을 미치는 변인들을 분석한 결과, 의사결정 참여도, 사서의 등급(직급 및 직위), 승진기회, 업무의 변화(다양성), 업무에 대한 관심, 새로운 시스템에 대한 사전준비 정도(태도 또는 심리적 준비, 교육과 훈련)가 긍정적 관련성을 나타내었고, 개인별 특성으로는 훈련의 최신성, 대학졸업 이후의 학위취득 정도, 컴퓨터에 대한 사전경험 등과 관련이 있는 것으로 나타났다.

올스가드(Olsgaard, 1984)는 도서관 자동화에 대한 사서들의 태도는 도서관의 운영방식(경영참여도)에 대한 사서들의 인식과 밀접한 관계가 있다는 것을 검증하기 위해 ACRL 가입 도서관 회원 중 무선 표집으로 선정된 379명을 대상으로 조사하였다. 연구 결과, 사서들 자신이 도서관 경영에 깊이 관련되어 있다고 생각하면 할수록 도서관 자동화에 보다 호의적인 생각을 갖게 된다는 것을 밝혀냈다. 또한 5개 지역 13개 대학도서관 사서 268명을 대상으로 컴퓨터기반 도서관 시스템에 대한 태도조사를 실시한 결과, 전반적으로 도서관 자동화 도입에 대해 호의적인 태도를 나타냈으나 시스템의 다운시간, 시스템의 오류 발생시의 교정능력, 시스템에 대한 훈련, 시스템 운영의 지루함과 반복성, 새로운 컴퓨터 시스템 개발에 대한 기여 등에 대해서는 상대적으로 낮은 만족감을 나타냈다.

닥시나무르티(Dakshinamurti, 1985)는 캐나다의 대학도서관, 공공도서관, 특수도서관 사서들 118명을 대상으로 기술이 도서관 사서에게 미치는 영향을 조사하였는데 정보기술의 사용에 의한 스트레스와 인간공학과 환경적 측면의 영향, 이를 위한 사서의 교육유형, 자동화의 순조로운 적응을 위한 개선책 등을 제시하였다. 주요 연구 결과는, 반복적인 업무감소로 인한 업무만족의 증가와 도서관 자동화의 환영(48%), 자동화로 인한 고용 축소에 대한 염려(28%)와 새로운 직위의 생성 우려(44%), 사서들 간의 대화 감소(32%)와 자동화에 대한 교육 요구(44%) 등으로 나타났다.

쇼(Shaw, 1986)는 1984년과 1985년 2년 동안 2회에 걸쳐 인디애나 주립도서관 직원 80명을 대상으로 도서관자동화에 대한 반응과 온라인 목록 및 대출 시스템에 대한 사서들의 기대와 태도를 조사하였는데 전체적으로 긍정적인 반응을 보인 것으로 나타났다. 특히 도서관 봉사의 증가, 신속성의 향상, 업무에 대한 흥미 증가, 전문직으로서의 위상확립, 시간 절약 등의 긍정적 효과가 있는 것으로 나타났다(85.4%-87.8%). 그러나 업무량의 증가, 비용 발생에 대한 문제, 자동화에 대한 교육 부족 등은 부정적 요인으로 조사되었다(12.2%-14.6%).

프린스와 버튼(Prince and Burton, 1988)은 3개의 대규모 대학 도서관 구성원을 대상으로 정보기술의 영향에 대한 태도조사를 실시하였다. 그 결과 직업적 흥미성 증가에는 소극적으로 동의(45%-33.3%-23%)하였는데 특히 시간제 근무자들은 크게 영향받지 않는 것으로 나타났다. 새로운 기술도입과 책임감의 증감 관계에서는 대체적으로 증가 쪽에 적극적으로 동의(55%-33.3%-53.5%)하였고, 또한 상급자로부터의 감독에 대해서는 거의 변화가 없으며(77%-80%), 업무영역에서의 의사결정 기회는 오히려 조금 줄었다는 견해가 대부분(61%-70%)이었다.

앞의 연구에서도 일부 나타났지만 주요 연구과제 중의 하나가 정보기술 도입이 직원의 직무만족과 이미지에 미친 영향에 대한 태도조사였다. 이 분야의 주요한 가설은 '자동화가 전문직 사서를 비롯한 다른 도서관 구성원들의 직무만족과 자신들의 이미지 향상에 기여할 것이다'라는 것이었다. 그 이유로서는 사서는 일상 업무는 컴퓨터와 보조직 및 사무직에게 맡기

고 보다 전문적인 업무를 맡게 된다는 것이었다. 그러나 실제
로 스래터(Slater, 1984)는 이러한 연구 결과를 부정하는 연구
결과를 제시하였고, 워터스(Waters, 1988)의 연구결과도 이를
완전히 만족시키지는 못하였다. 워터스는 오스트레일리아의
학술도서관 구성원 64명을 네 집단으로 나누어 변화다양성, 흥
미성, 감독의 강화, 통제성, 도전성, 단순성, 독립성, 분주성, 단
편성, 일상성, 반복성, 창조성, 활력성 등의 직무요인에 대하여
정보기술 도입이 미치는 영향을 조사하였다. 이 연구에서는
'도서관 자동화가 도서관 업무를 도전적이고 흥미롭게 만들 것
이다'라는 가설이 부분적으로 입증되었을 뿐이었다. 실제 결과
를 보면, 업무 의욕이 높아진 사람과 떨어진 사람이 비슷하며
오히려 많은 수의 비전문직 직원들은 창의성이 감소하였다고
나타났다. 오스트레일리아 학술도서관의 75명의 직원을 대상
으로 한 보스웰과 러브조이(Bothwell and Lovejoy, 1987)의 연
구결과도 많은 구성원이 흥미에 있어서는 전혀 변화가 없거나
감소하였지만 효율성을 증가시켰다는 부분에서는 상당부분 의
견일치를 본 것으로 나타났다.

존스(Jones, 1989)는 미국 내 3개 대학도서관의 133여 명의
비전문직과 사무직 등 도서관 보조직을 대상으로 정보기술 도
입에 대한 태도 조사를 수행하였다. 그 결과, 대체로 대부분의
직원들이 정보기술 도입에 긍정적 태도를 보이고 있으며 새로
운 시스템이나 기술도입 등 의사결정과정에 보조직의 참여가
확대되어야 한다는 점에서 의견의 일치를 보았다. 좀 더 구체
적으로 보면, 업무효율성(용이성, 속도증가, 정확성)의 향상에

대해서는 60% 이상 동의하였고, 새로운 기술 습득에 대해서는 쉽지 않겠지만 배우기를 원하는 사람과 전적으로 배우기를 고대하는 사람이 대부분으로 긍정적인 반응(90%정도)을 보였지만, 새로운 기술도입을 위해 받은 기술적 성과에 대해서는 단지 22%만이 완전히 만족하는 것으로 나타났다. 기타 정보기술 도입은 도서관 소장 데이터의 정확성 유지(57%), 책임감의 증가(55%)에 영향을 미치는 것으로 나타났다.

존스의 긍정적인 연구 결과와는 달리 정보기술 도입에 대한 도서관 구성원의 저항 또는 부정적 감정을 드러낸 연구도 많이 나왔다. 특히 버겐(Bergen, 1988)은 정보기술에 대한 두려움을 정보기술 자체(예, 도서의 대체), 실수로 인해 발생하는 비용부담(장비손상, 파일삭제 등), 학습능력, 직무안정성(비전문화 및 전통기술의 상실), 사회성의 퇴보, Big Brother현상, 건강에 미치는 영향 등에서 찾아냈다. 이러한 문제들은 다이노프(Dainoff, 1986), 파인(Fine, 1986), 카길(Cargill, 1987), 림머와 밀러(Rimmer and Miller, 1987), 다이어(Dyer, 1991), 사이키스(Sykes, 1991) 등 많은 연구자들에 의해 계속적으로 연구되었는데 대부분이 정보기술에 대한 거부감의 형태와 건강 및 인간 환경 공학 측면에서 다루어진 것이었다.

마천트와 잉글랜드(Marchant and England, 1989)는 도서관 경영에 사서의 참여도가 미치는 영향을 밝히기 위하여 1970년대와 80년대에 수행된 도서관 운영방식과 정보기술 수용에 관한 연구동향을 분석하여 그 결과를 제시한 바 있다. 이 연구에서 과거의 경직된 계층조직하의 독단적인 방식으로

운영되던 도서관들이 새로운 정보기술을 도입하면서 점차 유연성 있는 계층조직으로 변화하며 보다 참여적인 경영방식을 채택하여 온 것으로 나타났다. 또한 참여 경영 하에서 의사결정에 적극 참여하는 도서관 직원들이 도서관에서의 정보기술 적용에 보다 개방적이며 적극적으로 혁신에 동참한다는 사실도 밝혀냈다. 이 연구로 앞서 연구된 올스가드의 가설이 지지되었다.

또한 올스가드(Olsgaard, 1989)는 도서관 고용자들에 대해 자동화가 미치는 생리학적 영향과 운영상의 문제에 초점을 맞추어 40여 명의 선행연구자들의 개발성과를 4개 과정(Operations & Reporting-Staffing-Planning-Computing)으로 논의하여 종합하였다. 이 연구에서 밝혀진 주요한 사실은 정보기술 도입의 긍정적인 효과로서 반복적인 업무감소, 고용자의 기술향상, 의사결정 및 기획업무에 보다 많은 시간 할애, 다양한 업무의 증가와 업무수행의 유연성 제공 등인 반면, 부정적 효과로서 많은 기술부서의 비전문화, 직무영역의 축소와 새로운 업무활용을 위한 직원들의 완전한 재훈련, 개인 간 커뮤니케이션의 수준과 질의 감소 등이다.

존슨(Johnson, 1991)은 미국과 캐나다의 54개 대학도서관과 전문도서관의 사서 54명을 대상으로 도서관자동화와 조직변화에 대한 전반적인 태도조사를 실시하였다. 그 주요 결과는 정보기술의 영향은 새로운 직무기술 및 지식의 필요성을 증가시켰으며(80% 이상 동의), 컴퓨터 지식과 도서관 자동화와 친밀성을 유지하는 사람들이 앞으로 보다 더 많은 책임을 갖고 더

빠르게 발전하며 승진기회도 더 많을 것이라는 것이다 (72.2%-98.1%의 동의). 또한 자동화의 성과로는 고객에 대한 서비스 개선, 데이터 처리의 신속한 운영, 도서관의 이미지 향상, 직원들의 활용력 증가, 전반적인 운영의 신속성과 정보의 질적 향상 등이며, 자동화 과정의 주요 문제점은 유능한 직원 및 경험 있는 직원의 확보와 유지, 조직 구조의 수정, 컴퓨터 관계 직원과 운영자 사이의 커뮤니케이션, 컴퓨터 입출력 과정의 오류, 변화에 대한 직원의 저항, 새로운 시스템에 대한 불충분한 훈련, 변화에 대한 이용자의 저항 등인 것으로 나타났다.

닥시나무르티(Dakshinamurti, 1992)는 학술도서관의 인적 자원개발 프로그램 모델을 개발하기 위하여 Manitoba에 있는 7개의 학술도서관 사서 등 53명을 대상으로 질문지조사와 인터뷰를 실시하였다. 조사 결과, 도서관에서의 가장 큰 변화요인은 도서관의 자동화 도입, 계속되는 재정적 압박, 인적 자원 개발을 위한 투자요구에 관한 것으로 나타났다. 특히 도서관자동화는 현재 도서관이 직면한 가장 큰 도전으로서 컴퓨터 기술에 대한 훈련이 우선적인 고려사항으로 부각되었다. 또한 사서에 대한 참여 경영전략은 전문사서들의 직무만족에 도움이 되며, 컴퓨터화된 정보기술은 사서와 사서 보조직이 수행하는 업무 수준을 동등하게 하고 혁신적인 서비스에 대한 이용자의 요구를 증가시킬 것이라고 보았다. 결과적으로 현재의 재정 압박적 상황에서는 사서들에 대한 동기유발적 지원과 인센티브 등 비금전적 형태의 보상방안이 하나의 대안이 될 수 있음을 제시하였다.

테일러(Taylor, 1993)는 36개 대학도서관 직원 287명을 분석대상으로 하여 새로운 정보기술의 도입과 직무만족과의 관계를 미네소타직무만족질문지(Minnesota Satisfaction Questionnaire: MSQ)를 도구로 사용하여 조사한 결과, 도서관 부서와 근무 경력이 직무만족 수준의 주요 변인으로 부상하였는데 행정, 장서개발, 특수집서와 보존 등의 부서가 직무만족 수준이 높고, 기술서비스와 공공서비스 부서는 직무만족 수준도 낮고 자동화 등 기술혁신에 가장 큰 영향을 받고 있는 것으로 나타났다. 또한 일반적으로 경험 연수가 길수록 직무만족 수준이 높지만 낮은 직급에서는 직위, 현재의 소속기관, 고용연수, 전자자원에 소비하는 시간 수, 전자자원에 대한 정규훈련시간 또한 직무만족 수준의 주요한 결정요인으로 나타났다. 이 밖에 60% 수준의 구성원들은 그들 기관에서 이용할 수 있는 전자자원에 대한 훈련을 받은 후에 업무에 적절하게 적용할 수 있다고 대답한 반면, 40%의 나머지 직원들은 좀 더 훈련을 받더라도 완벽하게 준비가 되지 않을 것이라고 밝혔는데 이들은 주로 기술서비스와 공공서비스 분야 직원으로 나타났다.

수(Su, 1993)는 대만에 있는 10개 대학도서관 사서 60명을 대상으로 도서관자동화에 대한 태도를 질문지와 전화인터뷰를 통해 조사하여 앞서 연구되었던 미국에서의 연구와 비교 분석하였다. 조사결과, 긍정적 요인으로 자동화 시스템에 대한 감독자의 지지, 우선적 예산반영기대, 사무처리 능력에 대한 기대, 의사결정 과정의 지원, 정보제공의 질적 향상, 높은 기술수준의 통합된 멀티미디어시스템에 대한 기대가 강력하게 나타난 것으로 밝혀졌다(4.12-4.47). 그러나 시스템의 다운, 처리속도의 지연은 문제점으로 지적되었다. 특히 이 연구를 통해 도서관 경영에 사서의 참여도가 미치는 영향에 대한 올스가드(1984)의 가설이 대만에서도 지지됨으로써 아시아권에서도 그대로 재현되고 있는 것으로 밝혀졌다.

팔미니(Palmini, 1994)는 1992년 위스콘신주의 학술도서관에 근무하는 200명의 보조직을 대상으로 도서관자동화의 영향과 직무만족에 대하여 조사하였다. 보조직이 직무상 가장 많이 이용하는 자동화시스템은 온라인목록(75%), 전자우편(66%), 워드프로세싱(63%), 대출시스템(46%), OCLC(46%) 등이지만, 스프레드시트, 데이터-관리자, 그래픽 등도 상당 수준(31%) 사용함으로써 일반적인 네트워크 및 사무자동화업무도 도서관에서 대단히 증가하였음을 밝혀냈다. 또한 1일 평균 업무시간의 절반 이상을 컴퓨터를 사용하지만 정보기술 이용교육이 특정 기능이나 조작방법 중심으로 이루어져 필수적인 기술을 포함하는 적합한 직무교육이 되지 못하는 것으로 나타났다(38%). 그러나 보조직의 과반수이상이 도서관자동화가 직무만족도를 향상시켰다고 느끼며 단지 13%만이 불만족을 느끼고 있는 것으로 나타났다. 주요 만족요인은 이용자지향 서비스에서 오는 이용자와 직원에 대한 지원과 인정(43%), 새로운 기술을 배우는 도전성(18%), 컴퓨터를 통한 정확성, 처리 속도, 흥미 증가(11%)이며, 주요 불만족요인은 컴퓨터의 잦은 다운(26%), 업무량 부담(21%), 컴퓨터의 느린 반응(9%) 등으로 나타났다.

에드워드 등(Edwards et al., 1995)은 IMPEL프로젝트로 지칭된 연구에서 전자 환경이 도서관 직원에게 미치는 영향에 대해 심도 깊은 연구를 추진하였다. 영국의 6개 대학도서관 관장 등 분야별 전문가 82명을 인터뷰하였고 98명의 도서관 보조직과 관장보좌 사서, 65명의 보조사서와 주제 또는 정보 전문가, 14명의 도서관 고위 관리자 등 세 집단으로 나누어 조사하였다. 조사 결과, 전자정보의 이용이 도서관 보조직의 업무량 감소에 기여(45%)하며, 직무만족도를 향상시킨다는 점에서는 전체적으로 동의한 것으로 나타났다(평균 80%). 직무만족도를 높이는 요인으로는 흥미유발, 학생들에게 보다 나은 학습경험의 제공, 빠른 피드백 제공, 정보 분야의 중심에 있다는 자부심, 전자 환경의 빠른 변화 등이며 불만족요인으로는 입력 작업과 시스템 적응을 위한 시간적 압박감, 기술적 문제와 지원 결핍 등으로 나타났다. 또한 전자정보원이 효율성 향상에도 기여하였는데(77-86%) 주요 요인은 속도와 즉시성, 이로 인한 소장서고의 이용도 향상인 것으로 밝혀졌다.

수우(Xu, 1996)는 대학도서관의 자동화가 사서들의 직무에 미치는 영향을 조사하기 위하여 1971년부터 1990년까지 20년간 American Libraries에 게재된 사서직 구인 광고 중 편목사서(262건)와 참고사서(312건)의 자격요건을 비교 분석하였다. 두 개의 직무영역의 자격요건을 주제배경, 경력, 컴퓨터 기술, 행정적 책임능력, 특별한 지식이나 기타 기술 등 5개

군으로 나누어 5년 단위로 카이제곱 검증을 사용하여 분석하였는데, 직위별로 특수한 기술과 책임을 요구하는 차이는 있지만, 도서관 자동화의 진행에 따라 컴퓨터 기술에 대한 요구는 공통적으로 계속 높아졌고, 주제 및 교육적 배경과 경력에 대한 요구는 점점 비슷해져 통계적으로 이 두 직책이 점점 유사해진 것으로 나타났다. 따라서 이 연구 결과를 통해 도서관 자동화가 전문직 사서들의 업무를 나양화시킬 가능성을 높이고 있다는 사실이 밝혀졌다.

랭커스터와 산도어(Lancaster & Sandore, 1997)는 도서관 구성원에게 미치는 정보기술의 영향을 개인에게 부과되는 요구사항의 증가, 새롭고 진보된 기술의 등장이 미치는 영향, 전문직과 비전문직에 있어서의 새로운 관계 설정의 필요성, 정보기술 교육의 필요성 증가, 직무만족과 직원 이미지 향상, 이용자들과 접촉기회 감소, 사서 고유의 전문기술 퇴보, 정보기술 도입에 대한 도서관 구성원들의 거부감과 수용 등 8가지 측면에서 선행연구 경향을 비평하면서 개괄적인 시사점을 제시하였는데 특히 도서관직원들에게 더 많은 요구가 부과되고 있음을 강조하였다. 부과되는 요구로서 사서들은 컴퓨터를 기초로 한 다양한 시스템 기법을 습득하여야 하고, 효율적인 의사 소통자(DB탐색을 위한 주제지식, 전자우편을 통한 원격 서비스 등)로서의 능력이 필요하며, 이용 가능한 데이터베이스의 범위를 정확히 파악하여야 한다는 것이다. 또한 자원 분담 촉진을 위한 표준화 문제는 고도의 정밀함과 정확성을 필요로 한다고 하였다. 스토플(Stoffle, 1996)도 이러한 견

해를 인정하면서 도서관 이용자들이 과거보다 훨씬 많은 요구를 하고 있는데 이것은 도서관 자동화에 대한 기대경향을 나타내는 것으로 도서관 직원들에게는 심리적 부담을 주는 주요 요인인 것으로 밝혀냈다.

윌킨스(Wilkins, 1997)는 델파이 기법을 이용하여 7명의 각계 권위자들로부터 변화하는 도서관 환경이 사서의 역할에 미치는 영향을 평가하였는데 그 결과, 미래의 사서의 역할은 정보의 활용과 평가에 기초하여 폭넓고 강도 높은 숙련기술과 전문적인 지식과 훈련을 통해 정보 데이터베이스, 완전한 소프트웨어 도구, 도서관 정리업무 등의 개발이 무엇보다도 중요하다고 강조하였다. 또한 커뮤니케이션과 사람과 사람 사이의 기술, 정보원에 관한 지식, 기술의 가르침, 법령과의 친밀성 등은 부가적 요인으로 필요하다고 밝혀냈다.

이상의 연구들이 대학도서관의 정보기술 도입의 영향을 직접적으로 다룬 것인 반면, 다음의 연구들은 본 연구에서 대학도서관 사서와 직무만족도의 관계를 다루기 위하여 참고한 것이다.

함샤리(Hamshari, 1985)는 요르단에 있는 20개의 대학과 전문대학도서관의 전문사서 109명을 대상으로 기술서비스 부서와 대공중서비스 부서의 직무만족도를 26개 차원에서 6점 척도 방식으로 조사하였다. 그 결과, 기술서비스 부서의 직무만족도(4.316)가 대공중서비스 부서(3.651)보다 높게 나타났는데 능력 활용, 성취감, 활동성, 권위, 동료관계, 창의력, 독립성, 윤리적 가치, 인정, 책임감, 사회적 지위, 감독(인간, 기술), 다양성, 위안, 도전성, 커뮤니케이션, 경력만족 등에서 유의한 차이를 보인 것으로 나타났다. 또한 이 연구는 대학도서관 환경에서 직무만족 차원에서 허즈버그의 직무만족 2요인 이론의 활용력을 결정하려고 시도되었는데 이 이론은 부분적으로 지지되었고 동기요인과 위생요인 모두가 요르단 대학도서관 사서 전체의 만족도에 기여하는 것으로 나타났다.

켐(Kem, 1994)은 플로리나에 있는 ACRL가입 대학노서관 사서 350명을 대상으로 그들의 업무 행동유형을 측정하고, 미네소타 직무만족 질문지(MSQ)를 통해 인지된 허즈버그의 동기요인과 위생요인을 추출하여 업무행동 유형과의 관계를 찾아내고자 했다. 결과적으로 업무행동 유형에는 분명한 차이가 있고 허즈버그의 동기요인과 위생요인이 다르게 인식되었지만 직무에는 만족하는 것으로 나타났다.

렉키와 브레트(Leckie and Brett, 1997)의 연구는 전국적인 규모로서 캐나다 대학도서관 사서 738명을 대상으로 24개 차원의 직무만족도 조사를 실시하였다. 그 주요 결과를 보면, 교수 지위 사서들이 비교수 지위 사서들보다 대학운영과 의사결정 참여기회, 승진과 발전기회, 재직기간 등에 보다 만족하지만 업무 부담과 봉급과 같은 다른 차원에서는 만족하지 않는 것으로 나타났다. 또한 행정 사서들은 대부분의 주요 항목에서 만족하고 있으며, 특히 도서관 계획과 대학 업무참여에 있어서 비행정 사서들보다도 훨씬 더 깊이 관여하고 있다고 인식하고 있는 것으로 나타났다.

리넨(Reenen, 1998)은 사서의 직무만족도와 관련한 많은 선행 연구문헌과 1995년 실시한 미국의 전체 직업에 대한 1차 갤럽조사와 1997년의 2차 갤럽조사를 바탕으로 도서관 직원과 타 직종의 일반 근로자의 직무만족도를 비교·분석하였다. 그 결과, 전체적인 직무만족도에서는 도서관 직원이 앞서지만 이 연구에서 중점적으로 수행한 6가지 주요 차원에서 다른 직종의 근무자들보다도 직무만족도가 낮은 것으로 나타났다. 6가지 항목 중 업무를 통해 배우고 성장할 수 있는 기회에서는 약간 높은 것으로 나타났지만, 고용된 장소의 근무환경(44%-71%), 매일 최선을 다할 수 있는 기회(58%-82%), 현재의 직장에 대한 고용 안정성(53%-65%), 기술발전으로 인한 업무 통폐합 우려(14%-11%) 등 5가지 항목에서는 상대적으로 타 직종의 일반 근로자들보다 만족하지 않는 것으로 나타났다.

에뎀과 라왈(Edem and Lawal, 1999)은 사서들이 발표한 연구 성과물이 직무만족에 미치는 영향을 측정하기 위하여 나이지리아에 있는 35개 대학도서관 사서들을 대상으로 층화무선 표집법을 사용하여 22개 대학에 근무하는 202명의 사서들을 선정한 다음, MSQ를 수정한 직무만족질문지로 직무만족도를 조사하였다. 다중회귀분석법을 통해 데이터를 분석한 결과, 이 연구에서 사용된 6개 차원의 직무만족 중에 성취감, 책임감, 인정영역만이 그들이 발표한 연구 성과물에 유의한 영향을 미치는 것으로 나타났다. 반면에 봉급, 대학도서관 정책과 행정, 감독 등의 차원은 유의한 영향을 미치지는 못했지만 직무 만족을 고무시키고 연구 실적을 높이기 위해서는 이러한 외재적 요인들도 향상시켜야 할 것으로 제안되었다.

　이상의 선행연구 결과의 주요 내용을 보면, 대학도서관에서의 정보기술 도입은 다양한 직무관련 요인들에서 영향을 미치는 것으로 나타났고 직무태도 및 직무만족에 관한 영향에 있어서도 긍정적인 영향과 부정적인 영향을 동시에 보여주었다. 다음의 <표 2-2>는 지금까지 선행연구에서 취급한 직무태도 및 직무만족에 영향을 미치는 요인으로 측정된 요인들을 허즈버그의 이원론적 틀에 맞추어 정리한 것이다.

　근본적으로 사회 환경 특히 정보환경의 변화에 따라 대학도서관도 사서의 역할과 책임의 변화 등 개인적 차원의 문제에서부터 도서관 조직 구조와 설계의 재조정, 도서관과 이용자 간의 새로운 커뮤니케이션 관계 등도 중점적으로 거론되고 있다. 이러한 측면에서 직무만족도 조사 등 조직구성원의 태도 조사는 도서관장 등 최고경영층의 의사결정의 효과, 의사결정에 대한 행위적 측면의 결과 확인, 조직구성원의 관심사 측정, 표면으로 부각되어 있지는 않지만 중요한 문제들을 해결하기 위한 사전 준비적 도구로서 중요한 가치를 지니고 있다.

　실제로 경영효율화 측면에서 이러한 인식이 제대로 자리 잡고 있지 않은 국내 환경에서 보면 관련 연구가 부족할 수밖에 없다. 따라서 앞서 본 바와 같이 관련 연구가 거의 없고, 발표된 연구 성과도 표본수가 적거나(방준필, 1997) 자동화된 부서의 사서나 지역적으로 제한된 도서관만을 대상(김혜주, 1995; 권미아, 1992)으로 하였기 때문에 그 활용력이 떨어지며 단순 태도조사로 볼 수 있다. 다만 정동진(1995)의 연구가 정보환경의 변화에 따른 직무만족도의 차이를 직접적으로 조사했다는 점에서 본 연구의 목적과 유사하나, 조사 기간이 도서관자동화가 일반화된 환경이 아니며, 경인지역 일부 대학의 사서를 대상으로 했고, 전체적인 직무만족도라기보다는 몇 가지 항목에 대한 만족도 측정에 그쳤다는 점에서 본 연구와 차이가 있다.

<표 2-2> 정보기술의 영향에 대한 선행연구의 측정요소

구 분	영 역	측 정 요 소
직무만족요인 (동기적 요인)	직무 성취감	업무 성취감, 봉사 성과
	직무에 대한 인정	상급자로부터의 인정, 동료로부터의 인정, 이용자로부터의 인정, 사회적 위치에 대한 인정(이미지 또는 위상)
	직무 자체	효율성(업무 용이성, 속도성, 정확성), 정체성(task identity), 독립성, 피드백, 흥미성, 다양성, 창의성, 신속성, 도전성, 반복성, 단순성, 활동성(활용력), 전문성(지식수준, 기술수준)
	책임감	업무책임감, 권한(자치권), 경영 및 정책참여도, 자율성
	자기 발전	승진 기회, 자기개발욕구 충족도
직무불만족요인 (환경적 요인)	조직의 정책	도서관 정책, 최고경영층의 지원도, 사서의 경영참여 허용도, 전산관련 교육 및 훈련 제공도
	조직의 감독	관리자의 감시와 통제, 컴퓨터에 의한 감시와 통제, 이용자에 의한 감시와 통제
	임금	업무대비 적정성, 직장의 안정성
	대인관계	상위 직급자와의 커뮤니케이션, 동료 근무자와의 커뮤니케이션, 이용자와의 커뮤니케이션
	작업 환경	자원 및 장비, 기술적 준비, 인간공학적 측면의 작업환경, 업무량

외국의 논문은 <표 2-2>에서 보는바와 같이 정보기술이 도
서관 직원에게 미치는 영향을 다양한 측정변인으로 선정하여
체계적으로 다루고 있으나 이 역시 빈도수 측정 중심의 단순
태도조사(Prince, 1988; Jones, 1989; Johnson, 1991; Edwards,
1995)가 많아 변인 간의 관계를 다룬 심층적인 연구는 많지 않
았다. 특히 테일러의 연구를 제외하고는 정보기술과 직무만족
과의 관계를 직접적으로 다룬 연구는 찾아보기 힘들었다.

3. 연구문제와 방법

3.1 연구문제와 가설

3.1.1 연구의 문제

'80년대까지 수작업 위주의 안정적인 직무패턴을 유지해오던 대학도서관이 '90년대 이후 새로운 정보기술을 도입하여 도서관자동화를 추진하여 왔으며 최근에도 발전적으로 도서관자동화를 진행하고 있다. 그러나 급격하게 발전하고 있는 컴퓨터와 정보통신 기술을 대학도서관에 도입하고 이를 수용하는 과정에서 많은 시행착오가 있었고, 환경변화에 따른 기술위주의 가치관과 조직재편은 인간의 잠재적 가능성을 확대하고 고무시킨 측면도 크지만 한편으로는 기존의 인간중심의 정서적 가치를 침해하여 온 것도 사실이다. 본 연구는 이러한 차원에서 대학도서관에서의 정보기술 도입이 사서의 직무태도, 구체적으로 사서의 직무만족도에 어떠한 영향을 미쳤는가를 밝히고자 한다. 이에 따라 첫째, 대학도서관에 도입된 정보기술의 수준과 사서직 근무자의 직무만족도 사이의 관계를 밝힌다. 둘째, 이러한 직무만족요인들이 조직의 내외적 환경요인 즉, 최고경영층의 지원도, 사서직의 참여 경영 수준 등의 조직 특성, 그리고 사서 개개인의 컴퓨터 능력과 교육 및 훈련수준에 따라 유의한 관계가 나타나는가를 밝힌다. 셋째, 컴퓨터이용 1일 평균 근무시간량, 근무 부서 등 개인적 특성 또는 인구적 요소와 직무만족도 사이의 관계를 밝히고자 한다.

3.1.2 가설의 설정

앞에서 제기한 연구문제를 검증하기 위하여 가설을 설정하고, 여기에 수반된 세부 가설은 다음의 이론에 근거하여 설정한다.

첫째, 선행연구(Slater, 1984; Waters, 1988; Prince and Burton, 1988; Jones, 1989; Edwards, 1995; Lancaster and Sandore, 1997)의 결과에서 보았듯이 대부분의 직무만족도 측정에서 인구적 특성이나 대학별로 직무만족도에서 차이가 나타났다. 인구적 특성은 개인차에 기초한다고 볼 수 있으나 특히 대학이나 집단별로 차이가 많이 나타나는 것은 여러 가지 환경 차이에 기인한 정서적 반응의 차이로 볼 수 있다. 이와 같은 관점에서 본 연구에서는 다양한 환경 요인 중 선행연구에서 시도하지 않은 각 대학에서 도입한 정보기술 수준을 직무만족에 영향을 미치는 중요한 요인으로 보아 다음 가설 1의 세부 가설을 설정한다.

가설 1 정보기술의 도입수준에 따라 직무만족도에 차이
　　　　가 있다.

가설 1-1 정보기술의 도입수준이 높은 대학도서관에서 근
　　　　무하는 사서와 정보기술의 도입수준이 낮은 대
　　　　학도서관에서 근무하는 사서는 직무만족도에서
　　　　차이가 있다.

가설 1-2 정보기술의 도입수준이 높은 대학도서관에서 근
　　　　무하는 사서의 직무만족요인과 정보기술의 도입
　　　　수준이 낮은 대학도서관에서 근무하는 사서의
　　　　직무만족요인은 차이가 있다.

　둘째, 선행연구(Luquire, 1976; Olsgaard, 1984; Marchant
& England, 1989; Su, 1993; Creth, 1995; 정동진, 1995)에서
문제가 제기되고 입증된 것처럼 조직의 지원수준과 직무 태
도는 유의한 관계가 있는 것으로 나타났다. 특히 조직의 의
사결정방식과 참여 경영수준은 직무태도에 상당한 영향을 미
치는 것으로 나타났다. 그러나 루콰이어 등 외국의 선행연구
는 조직의 지원 수준이 직무 태도에 긍정적인 영향을 미친다
는 사실은 입증하였지만 직접적으로 직무만족도와의 관계를
다루지는 않았다. 또한 정동진의 연구도 직무만족도를 다루
기는 하였지만 몇 개의 항목에 대한 차이 분석에 그쳤다. 따
라서 본 연구에서는 직무만족도와의 직접적인 상관관계를 다
루고자 했으며, 특히 전산사서가 일반화되어 있지 않고 행정
직의 간섭이 많은 점 등 국내적인 상황을 고려하여 의사결정

과정의 주도층 문제까지를 포함하여 가설 2의 세부 가설을
설정한다.

가설 2 정보기술 도입에 대한 경영참여 및 조직지원 수
　　　준과 직무만족도 사이에는 관계가 있다.
가설 2-1 정보기술 도입과정에서의 개인적인 참여도가 높
　　　을수록 직무만족도가 높다.
가설 2-2 정보기술 도입이 사서직 주도로 이루어진 경우
　　　와 다른 직종 주도로 이루어진 경우에 직무만족
　　　도에서 차이가 있다.
가설 2-3 정보기술 도입과정에서 누가 의사결정을 주도하
　　　였는가에 따라 직무 만족도는 차이가 있다.
가설 2-4 최고경영층의 정보기술에 대한 지원 정도가 높
　　　을수록 직무만족도가 높다.

　셋째, 선행연구(Luquire, 1976; Johns, 1989; Olsgaard, 1989;
Taylor, 1993; Palmini, 1994; 정동진, 1995)에서 문제가 제기되
고 입증된 것처럼 개인적 준비수준과 직무 태도는 유의한 관
계가 있는 것으로 나타났다. 특히 교육 및 훈련을 적절하게 이
수한 직원의 직무태도 및 만족도는 매우 긍정적인 것으로 나
타났다. 또한 컴퓨터 이용능력 등 개인적인 준비수준도 직무만
족에 영향을 미치는 중요한 요인으로 연구되었다. 그러나 이러
한 연구들도 테일러의 연구를 제외하면 직접적으로 직무만족
도와의 관계를 다루지는 않았다. 또한 우리나라의 경우에 도서

관자동화 등 정보기술 도입이 보편화된 환경에서의 연구가 전혀 없었다. 따라서 본 연구는 정보기술 도입이 보편화된 환경에서의 개인적 준비수준과 직무만족도와의 관계를 다룬 최초의 연구로서 선행연구를 바탕으로 가설 3의 세부 가설을 설정한다.

가설 3 정보기술 도입에 대한 개인적 준비수준과 직무만속도는 관계가 있다.

가설 3-1 컴퓨터 이용능력이 높을수록 직무만족도가 높다.

가설 3-2 정보기술관련 교육 및 훈련 이수 수준이 높을수록 직무만족도가 높다.

넷째, 대부분의 직무만족도 및 태도조사를 수행한 연구에서는 개인적 특성과 인구적 요소를 중요한 독립변인으로 다루고 있다. 그것은 개인적 특성과 소속기관의 근무환경이 개인의 활동에 영향을 미친다는 것을 전제로 하고 있다. 부서별로 직무만족도가 다를 것이라는 연구는 장희발(1987), 함샤리(1985), 테일러(1993), 렉키와 브레트(1997) 등이, 남녀의 성별에 따른 직무만족도의 차이는 정경란(1991), 정춘화(1986), 와바(Wahba, 1975) 등이, 연령에 따른 직무만족도의 차이는 오세복(1999), 전용득(1998), 장용우(1991), 함샤리 등이, 근무연수에 따른 직무만족도의 차이는 테일러, 장용우, 오세복 등이, 학력에 따른 직무만족도의 차이는 이종법(1995), 장용우 등이, 직급 및 직위에 따른 직무만족도의 차이는 렉키와 브레트, 전용득, 이종법, 정경란 등이 연구 결과를 통해 차이성을 입증하였다. 리넨(Reenen, 1998)도 문헌정보학 분야의 직무만족과 개인특성과의 관계에 대한 선행연구 결과를 종합하여 연령, 근무 연수, 근무 부서에 따라 차이가 있다는 결과를 제시한 바 있다. 그러나 이러한 연구 결과를 근거로 하였지만 국내 대부분의 선행연구는 도서관 자동화 등 정보기술 도입이 보편화된 환경에서 이루어진 것이 아니기 때문에 '컴퓨터이용 1일 평균 근무시간량'을 포함하여 가설 4의 세부 가설을 설정하였다.

가설 4 인구통계학적 특성 및 직력에 따라 직무만족도
　　　에 차이가 있다.
가설 4-1 컴퓨터이용 1일 평균 근무시간량에 따라 직무
　　　　　만족도에 차이가 있다.
가설 4-2 소속 근무 부서에 따라 직무만족도에 차이가 있다.
가설 4-3 성별에 따라 직무만족도에 차이가 있다.
가설 4-4 연령에 따라 직무만족도에 차이가 있다.
가설 4-5 근무 연수에 따라 직무만족도에 차이가 있다.
가설 4-6 학력에 따라 직무만족도에 차이가 있다.
가설 4-7 직급 및 직위에 따라 직무만족도에 차이가 있다.

3.1.3 변인의 설정과 측정요소

3.1.3.1 독립변인

이 연구는 정보기술의 도입 즉, 도서관 자동화나 혁신적인 시스템 등 새로운 시스템이 대학도서관에 수용되는 과정에서 사서의 직무만족도에 어떠한 영향을 미쳤는가를 측정하고, 도서관 내외의 환경적 요인에 따라 어떠한 차이가 나타나는가를 밝히기 위하여 다양한 변인 간의 유의성을 고찰하려는 것에서 시도된 것이다. 따라서 기본적으로 독립변인은 '정보기술의 도입'이 된다. 그런데 선행연구의 개관에서 본 것처럼 지금까지의 대부분의 연구에서 정보기술의 도입수준에 따른 영향을 분석하지는 않았다. 그것은 우리나라 대학도서관에서 새로운 정보기술을 축적한 역사가 짧고, 정보기술 수준을 객관적으로 파악하기 위한 기준이나 도구가 확실하게 준비되어 있지 않기 때문이다.

그러나 본 연구에서는 이러한 문제점이 있음에도 불구하고 연구 목적상 정보기술 도입수준에 대한 평가가 반드시 필요하기 때문에 제한적이지만 그간의 문제점을 최소화하는 방향에서 정보기술 도입수준 측정을 위한 항목을 설정하여 평가기준으로 삼았다. 기본적으로 대학도서관의 자동화에 따른 기본설비 도입 등의 양적 규모와 토탈시스템의 관점에서 실시하고 있는 수서, 목록, 대출, 검색, 상호 대차, 정기간행물 등 11개 분야의 서비스의 범위 등 도서관 정보 인프라적 요소를 기반으로 한 정보기술 수준을 독립변인으로 설정하였다. 또한 정보기술의 도입은 정보기술적 요소를 제공하는 하드웨어, 소프트웨어, 데이터 측면의 유형적 자원 외에도 무형적 자원으로서 각 대학 도서관의 모집단과 같은 외부적 환경 요인과 도서관 자체조직의 성격, 기타 개개인의 특성과도 깊은 관계가 있을 것으로 보아 최고경영층의 지원도, 사서의 경영참여도 등의 조직특성과 사서들의 개별적 컴퓨터 능력, 교육 및 훈련정도와 같은 개인적인 준비 상태 등의 개인적 특성에 해당하는 영역을 상관 변인으로 선택하여 변인 간의 관련성을 분석하고자 하였다.

본 연구에서 정보기술 도입이 직무만족에 미치는 영향을 분석하는데 사용한 독립변인과 측정요소를 보면 <표 3-1>과 같다.

1) 정보기술 도입수준

본 연구에서는 정보기술의 개념을 정립하여 정보기술 도입수준의 측정범위를 정함에 있어 정보화의 핵심을 컴퓨터와 통신기술의 발전 및 융합에 의한 정보처리 및 네트워크를 중심으로 한 커뮤니케이션의 변혁에 있다고 보았다. 따라서 정보화란 '고도의 정보통신기술의 혁신을 배경으로 사회경제의 중심이 물질이나 에너지에서 정보로 이행해 가고, 정보의 수집, 처리, 전달 및 이용을 고도의 정보통신기술을 사용하여 전 분야에 널리 활용하는 것'이라고 정의한다. 따라서 본 연구에서는 비전자계 미디어에 의한 정보화현상은 측정범위에서 제외시켰다. 좀 더 구체적으로 측정대상이 된 정보인프라는 기본적인 하드웨어, 소프트웨어, 데이터의 유형적 자원과 조직 및 인력, 전략 및 정책을 포함한다. 다만 이 연구에서는 객관적 평가가 가능한 유형적 자원을 중심으로 하였다.

　정보기술 도입수준을 평가하는데 있어서는 앞서서 잠시 언급한 바 있지만 아직까지 '정보기술 수준'에 대한 통일된 개념이 정립되어 있지 않고 정보화현상에 대한 측정항목 선정에 대한 연구가 미흡한 상태여서 개발된 측정항목의 경우에도 중요도의 차이를 적용할 수 있는 기준이 마련되어 있지 않다.

62

<표 3-1> 독립변인과 측정요소

구 분	독립변인	측정요소	
정보 기술(information technology)	정보기술 도입수준(information infrastructure)	하드웨어	전산자원확보현황(운영기기, 서버수, 1인당 PC수), 전산 망 구축현황(도서관 LAN 구축, 대학 LAN과 연동여부, 교육망·연구 망 설치 여부)
		소프트웨어	수서, 목록, 검색, 대출, 장서, 상호 대차, 복사, 분담목록, 출입관리, 연속간행물, 색인
		데이터	데이터베이스 구축건수
조직의 정보기술 지원수준	의사결정과정 참여도		정보기술 도입의 주도 계층, 개인적 의사결정 참여도
	최고경영층 지원도		총장이나 도서관장 등의 도서관 자동화에 대한 기대수준, 기술도입에 대한 투자의 적극성, 시스템 이용현황에 대한 관심도, 자동화 등 전산화업무에 대한 지식
개인적 준비 수준 및 인구적 특성	컴퓨터 이용능력		워드프로세서, 스프레드 쉬트/프리젠테이션, 각종 유틸리티 및 시스템관리, 컴퓨터 통신 등 인터넷 등 4개 영역
	교육 및 훈련수준		교육 유형, 교육 수준
	인구통계학적 요소		컴퓨터이용 1일 평균 근무시간량, 근무 부서, 학력, 경력(사서자격증 등급, 전산관련 자격증 등급), 연령, 근무 연수, 도서관 직급(직위), 성별

또한 정보기술에 대한 전반적인 통계도 부족할 뿐만 아니라 그 자료 자체의 신빙성에도 문제가 있는 실정이다. 현재

국내에서는 한국과학기술연구원과 한국전산원 등에서 한국의
정보화 수준을 측정하기 위하여 정보화 지표를 개발하여 왔
고, <표 3-2>에서 보는 바와 같이 국제적으로도 여러 기관
에서 다양한 관점에서 관련 연구를 하고 있으나, 아직도 세
계적으로 합의된 기준은 마련되고 있지 않은 실정이다.

<표 3-2> 정보화 수준 측정방법

거시경제적 접근	산업구조 접근	Machlup(1962), Porat(1977), Jonscher(1983), Rubin (1986), 정보통신정책연구원(1985, 1990)
	취업구조 접근	OECD(1981), Katz(1988), 고려대(1986)
정보유통량 측정		일본우정성(정보유통센서스), 정보통신정책연구원 (개인매체정보유통센서스, 1986), 일본 Applied Research(전기통신인프라의 용량측정, 1986)
사회경제지표 접근		일본전기통신총합연구소(1970, 1986), 일본우정성 (정보계수, 네트워크화지수), 일본정보처리개발협 회(I3:정보통신장비율), 정보통신정책연구원(1986, 1989), 한국과학기술연구원(1992), 한국전산원 (1993~1996), International Data Corporation(1996)

(한국전산원, 1998)

국내에서도 최근에 한국전산원에서 한국의 정보화 수준을
측정하기 위하여 정보화 지표를 개발하였지만 그 목적은 정보
화 수준을 정량적 수치로 표현하여 시계열적으로 국가 간의 정
보화 수준을 비교 분석하기 위한 도구로 이용하려는 것으로서
본 연구에서와 같이 제한적인 범위에서 도서관의 정보기술 수
준을 측정하는 방향과는 기본적으로 차이가 있다(<부록 2> 참

64

조). 따라서 아래의 <그림 3-1>에서 제시한 정보화의 구조 및 측정지표에 대한 이론의 근간은 원리적인 합리성을 갖는 것이므로 수용하되 측정 항목의 제약이 있는 만큼 이 분야에 관련된 기존 연구들의 도서관평가관련 항목들을 1차적으로 정리한다음, 현재 국가기관 등에서 공식적으로 통계 처리되는 항목을 대상으로 정보기술 도입수준의 측정 항목을 선정하였다.

정보화의 구조 및 측정지표

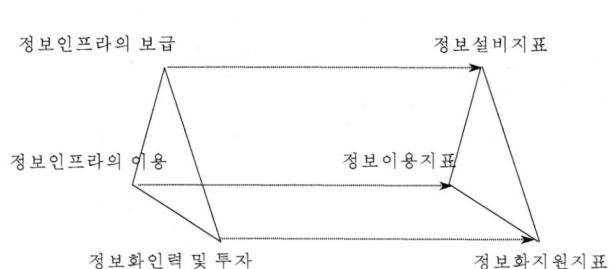

<그림 3-1>정보화의 구조 및 측정지표(한국전산원, 1998)

본 연구에서의 측정대상과 평가기준은 동아일보, 교육부, 정보통신부가 공동 평가한 '97대학정보화 랭킹평가조사서의 도서관 전산화 현황항목, 한국전산원의 1998국가정보화지표와 1999국가정보화지표의 측정항목, 중앙일보의 대학평가 중

도서관 부문 측정항목, 그리고 조규산(1995)의 연구에서 제시
된 측정 항목 등의 자료와 연구결과를 중심으로 결정하였다.

  <표 3-3>에서 보는 바와 같이 정보통신 인프라의 구축수
준(정보설비 수준)을 나타내고자 한 정보기술의 도입 규모는
대학도서관에 투자된 기본 설비(information infrastructure)
의 양적 규모를 대상으로 하였다. 이를 측정하기 위한 다양
한 평가 기준이 있을 수 있으나 현재 우리나라에서는 대학별
로 이에 대한 객관적 데이터가 구체화되어 있지 않다. 이러
한 현실적 상황을 고려하여 현재 교육부와 한국도서관협회에
서 매년 조사하여 발표하고 있는 대학도서관 정보화 현황과
대학도서관 전산화현황을 근거로 하여 대학도서관의 정보기
술 도입규모를 부문별로 점수화하여 측정하였다.

  측정요소로서는 전산자원 확보현황(운영기기, 서버수, 1,000
명당 PC/터미널수)과 전산망 구축현황(도서관 LAN구축, 대
학LAN과 연동여부, 교육망·연구 망설치 여부) 등의 하드웨
어적 측면과 자료 가치적 측면의 데이터의 양(DB구축건수)
을 대상으로 하였다. 그런데 소프트웨어 측면의 정보기술 서
비스는 제공자 측면이나 이용자 측면에서 다양할 뿐만 아니
라 운영하는 프로그램의 성격이나 질적 수준에서도 많은 차
이가 나타난다. 일반적으로 제공 서비스에 대하여 언급할 때
는 정보이용지표 개념에서 볼 때, 이용자 측면에서 이용하는
정보기술관련 현황이나 도서관에서의 참고서비스 수준을 생
각하기 쉽다. 따라서 제공정보의 유형을 참고봉사차원에서
서지 데이터베이스, 즉답형 참고데이터베이스, 원문 데이터베

이스나 상용 온라인서비스 수 등 전자정보에 대한 이용서비스만을 측정대상으로 삼기 쉽다. 그러나 본 연구에서는 앞서 제시한 바와 같이 정보 인프라 측면에서 도서관의 전반적인 서비스의 규모 즉, 도서관의 서비스 이용 가능 수준을 측정하는 것으로서 토탈시스템의 개념에서 도서관자동화 과정에서 현재 실시하고 있는 서비스 종수를 측정대상으로 하였다. 따라서 현재 다양하게 실시되고 있는 서비스 가운데서 수서, 목록, 검색, 대출, 장서, 상호 대차, 복사, 분담목록, 출입관리, 연속간행물, 색인 등 11개 분야에 대한 소프트웨어 사용현황을 사용여부에 따라 사용하면 10점, 사용하지 않으면 0점으로 점수화하여 측정하였다.

정보화 지원수준은 1인당 정보화 지원 예산액이나 연구실적, 서비스 종사자나 연구원의 수를 측정하는 것인데 본 연구에서는 통계적으로 산출 가능한 도서관 자동화나 전산화를 전담하고 있는 사서직과 전산직의 수만을 대상으로 평가하였다.

정보기술 도입수준의 점수화는 조사된 데이터 중 '운영기기' 항목을 제외한 모든 항목의 요소별 등간 점수를 10점을 기본으로 하여 해당 설비의 설치 유무나 서비스 실시 종수에 따라 배점하였다. 동일 항목에서 양적 규모에 따라 편차가 필요한 경우는 전체적인 통계 분포에 기초하여 1/3기준으로 상, 중, 하로 상대평가 할 수 있도록 구분하되 이 역시 10점을 등간으로 배점하였다(PC수, DB구축건수, 전담직원수). 전체 총점은 260점으로 <표 3-3>과 같다. 앞서 설명한 바와 같이 현재까지 공인된 평점 기준이 없어 가중치를 두지 않는

등 대상기관 평가에 있어서 변별력이 약하고 절대적인 기준
은 될 수 없지만 전체 분포 가운데 상대적인 서열을 구분하
기 위한 것으로 상위집단과 상대적인 하위집단을 구분하는
데는 문제가 없어 이 방법을 채택하였다.

<표 3-3> 대학도서관의 정보기술 도입수준 측정표

구 분	영 역	측 정 요 소	점 수	점수 산정방식
도서관 기본 설비	학생 1000명당 PC(터미널)수	7대 이하(10점) 8대 – 13대(20점) 14대 이상(30점)	30점	세 가지 범위 중 해당 항목 선택
	운영기기	주전산기(20점) W/S(15점) PC 서버(10점)	20점	세 가지 항목 중 사용 중인 하나의 운영기기 만 체택
	전산망 구축현황	도서관 LAN(10점) 대학LAN과 연동(10점) 교육망(10점) 연구망(10점)	40점	구축현황 모두 체택
	DB 구축건수	20만 건 이상(30점) 10만 건 이상(20점) 10만 건 이하(10점)	30점	세 가지 범위에서 하나만 체택

구 분	영 역	측 정 요 소	점 수	점 수 산 정 방 식
도서관 서비스 규모	분야별 소프트웨어 현황	수서(10점)	110점	현재 도서관에서 분야별 시스템에 활용되고 있는 모든 소프트웨어 체택 * 요소별 소프트웨어 사용의 경우 10점, 사용하지 않는 경우는 0점 처리
		목록(10점)		
		검색(10점)		
		대출(10점)		
		장서(10점)		
		대차(10점)		
		복사(10점)		
		분담 목록(10점)		
		출입 관리(10점)		
		연속간행물(10점)		
		색인(10점)		
도서관전산화 지원 직원	전담 직원수	1명(10점)	30점	세 가지 범위 중 해당 항목 선택
		2-3명(20점)		
		4명 이상(30점)		
합 계			260점	

2) 조직의 정보기술 지원수준

이 연구는 넓게 보아 도서관 운영에 있어서의 조직관리 측면의 연구이기 때문에 도서관의 외부 환경과 조직의 특성은 중요한 요인이 된다. 여러 가지 다양한 조직의 특성이 있지만 기본적인 사항으로 사서직의 참여 경영 수준과 최고경영층의 지원도를 주요 요인으로 파악하였다.

정보기술 도입과정의 참여 경영 수준은 정보기술 도입이 어떤 절차를 밟아서 어떤 수준으로 이루어졌는가를 측정하고자 하였다. 즉, 사서직, 전산직, 행정직 등이 혼재한 대학도서관에서 어느 계층이 주도적인 역할을 했는지와 개인적인 참여수준을 조사하였다. 정보기술 도입과정의 주도 계층은 새로운 정보시스템의 도입과정을 주도한 계층을 직종별로 사서직, 전산직, 행정직, 사서직＋전산직, 기타 등으로 의사결정 과정의 주도 계층은 최고경영층, 중간관리자, 실무자, 전체 직원, 기타 등 직급별로 구분하여 측정하였다. 정보기술 도입과정의 개인적인 참여도는 참여 정도를 5단계 척도로 나누어 측정하였다.

최고경영층의 지원도는 총장이나 도서관장 등의 도서관 자동화에 대한 기대수준, 기술도입에 대한 투자의 적극성과 의지, 시스템 이용현황에 대한 실제적인 관심도, 자동화 등 전산화업무에 대한 지식 정도 등을 측정하였다. 측정방법은 4개항의 질문 내용에 대해 <표 3-4>와 같이 배점한 점수를 종합하여 100점을 총점으로 해서 80점 이상, 60점 이상 80점 미만, 60점 미만으로 나누어 지원도 수준을 상·중·하의 3단계로 나누어 수준별로 직무만족도와의 관계를 평가하였다.

<표 3-4> 최고경영층(총장, 도서관장 등)의 지원도 평가표

측 정 항 목	수준별 측정점수					항목별 배점
	대단히 높다	대체로 높다	보통 이다	대체로 낮다	거의 없다	
1) 도서관 자동화에 대한 기대 정도	25	20	15	10	5	25점
2) 도서관 자동화에 대한 투자의 적극성	25	20	15	10	5	25점
3) 도서관 자동화 시스템의 이용현황에 대한 관심도	25	20	15	10	5	25점
4) 도서관 자동화 등 전산화 업무에 관한 지식 정도	25	20	15	10	5	25점
계						100점

3) 개인적 준비 수준 및 인구적 특성

① 정보기술 도입에 대한 개인적 준비수준

우리나라 대학도서관에서의 정보기술 도입은 앞의 이론적 배경에서 살펴 본 것처럼 급진적으로 시도된 경향이 있다. 따라서 점진적인 단계를 거쳐 체계적으로 준비할 수 있는 시간적인 여유가 없었음을 알 수 있고, 이러한 경우에는 개인적인 수용 능력에 따라 업무 적응도의 차이가 날 수 있으며, 이것은 직무만족도에도 영향을 미칠 수 있을 것이다. 그러므로 정보기술 도입에 대한 개인적인 준비수준은 정보기술의 영향력을 평가하는데 중요한 요인이 된다. 본 연구에서는 개인적인 준비수준을 개별적인 컴퓨터 이용능력과 업무와 관련하여 시스템 도입과정에서 사전 또는 진행과정에서 받은 교육 및 훈련 이수 수준과 직무만족도 사이의 관계를 밝히고자 하였다.

컴퓨터 이용능력은 정보기술 자체가 컴퓨터를 이용한 기술적 결과물이라는 점에서 대단히 필수적이고 기본적인 사항이다. 그러나 이에 대한 평가는 워드프로세서, 정보처리기사 등 소수의 공인된 국가자격시험이 있지만 극히 일부분의 전문성을 측정하는 것으로서 종합적이고 보편화 된 평가 기준으로 보기는 어렵다. 따라서 보편적인 측정도구의 개발과 분류방법이 필요할 것이다. 컴퓨터 이용능력은 크게 프로그래밍능력, 하드웨어 조작능력, 운영체계에 관한 지식, 그래픽도구 활용능력, 범용 패키지 활용능력, 컴퓨터 통신의 수행 능력 등 다양한 측면에서 측정될 수 있는데 여기서는 도서관에서의 일반적인 정보기술 이용능력을 대상으로 한다. 이러한 경우에는 이용자 친화적인 프로그램의 개발로 인하여 통상적으로 소프트웨어의 활용능력에 크게 의존하게 되므로 컴퓨터 활용능력을 알아보는 일반적이고 효과적인 방법으로 주요 소프트웨어의 활용 능력을 측정하게 된다. 이에 따라 본 연구에서는 이와 같은 방법으로 주요 소프트웨어로서 일반화되어 있으면서도 수준의 차이를 측정할 수 있는 대상으로 워드프로세서, 스프레드쉬트/프리젠테이션, 각종 유틸리티 및 시스템관리, 컴퓨터 통신 및 인터넷 등 4개 영역을 3단계(초보, 보통, 숙련수준)로 측정한 다음, 점수를 합산하여 수준별 평가기준으로 삼고자 하였다(한국정보문화센터, 1999).

정보기술 도입과정에서 받은 교육 및 훈련 수준을 측정하기 위하여 개인이 받은 교육방법의 유형을 조사하고, 새로운

정보기술의 도입을 위한 준비가 사전 교육이나 진행 중의 훈
련으로 적절하게 이루어졌는가를 평가하고자 하였다. 교육
및 훈련 유형은 교육기관의 정규강의나 세미나, 비공식적 또
는 학교 내 훈련, 소속도서관의 프로그램과 교육, 학원수강,
소프트웨어·기술제공회사의 교육, 동료(친구 및 상사 포함),
독학 등으로 구분하고 교육 및 훈련이수 수준은 5단계 척도
로 측정하였다.

\<표 3-5\> 개인별 컴퓨터 능력 평가 내용과 수준

소프트웨어	분류	측 정 내 용
워드프로세서	초보수준	키보드 조작이 미숙하며 파일 부르기, 저장 등 기본기능은 활용 가능
	보통수준	타이핑에 숙달되어 있으며, 글꼴, 문단모양, 표 편집 등 기본적인 편집기능 활용 가능
	숙련수준	필기속도보다 빠른 타이핑 능력과 단축키, 그림 삽입, 메크로 등의 확장기능 활용 가능
스프레드쉬트/ 프리젠테이션	초보수준	저장, 불러오기 등의 기본기능 활용과 기초 자료 입력, 문자 프리젠테이션 작성 등이 가능
	보통수준	기본적 연산기능, 차트편집, 문서통합 등의 고급기능을 능숙하게 활용
	숙련수준	추가함수기능, 차트편집, 문서통합 등의 고급기능을 능숙하게 활용
각종 유틸리티 및 시스템 관리	초보수준	복사, 삭제, 디렉토리 관리 등 기본적인 파일관리 기능은 활용 가능
	보통수준	압축, 디스크관리, 바이러스검사, 응용소프트웨어 설치 등이 가능
	숙련수준	이용도중 발생하는 문제들을 스스로 진단하고 해결할 수 있으며 시스템 설정 기능 등을 능숙히 활용
컴퓨터통신 및 인터넷	초보수준	컴퓨터통신이나 인터넷에 접속하여 내용을 구경하는 수준
	보통수준	필요한 경우 업로드/다운로드를 할 수 있으며, 검색기능 활용 및 전자우편 활용 가능
	숙련수준	다양한 데이터베이스를 논리 연산식을 활용하여 검색할 수 있으며, 뉴스그룹, FTP 등을 능숙하게 활용

\<표 3-5\>의 측정항목에 대한 점수화 방법도 최고경영층의 지원도 평가와 같은 측정방법으로 \<표 3-6\>의 4개항의 질문

내용에 대해 배점한 점수를 종합하여 총점 100점을 기준으로
해서 80점 이상, 60점 이상 80점 미만, 60점 미만으로 나누어
개별적인 컴퓨터 능력을 3단계 수준으로 평가하였다.

<표 3-6> 개인별 컴퓨터 능력 평가표

측 정 항 목	수준별 측정점수			항목별 배점
	고급	중급	초급	
1) 워드프로세서	25	17	8	25점
2) 스프레드쉬트/프리젠테이션	25	17	8	25점
3) 각종 유틸리티 및 시스템관리	25	17	8	25점
4) 컴퓨터 통신 및 인터넷	25	17	8	25점
계				100점

② 인구통계학적 특성 및 직력 특성

　행동과학적 연구의 경우에는 많은 연구에서 인구적 요소를
중요한 독립변인으로 설정하고 있다. 그것은 그만큼 개개인
의 심리적 경향이나 개인적 배경이 연구의 주요한 요인이 되
고 있기 때문이다. 본 연구에서는 개인적인 배경으로 컴퓨터
이용 1일 평균 근무시간량을 중요한 개인 특성으로 삼았다.
그것은 '컴퓨터와 같이 근무하는 시간의 양이 정보기술에 대
한 개인적 태도나 성향에 영향을 미쳐 직무만족에 영향을 미
칠 것이다'라는 가정에서 이루어졌다. 또한 직무만족관련 선
행연구에서 본 바와 같이 근무 부서도 정보기술의 영향을 측
정하는데 중요한 차이를 나타낼 수 있는 변인으로 선택하였

다. 따라서 본 연구에서는 이들 두 가지를 중요한 개인특성
으로 삼았고 이 밖에 기타의 인구통계학적 요소들도 기본 요
인으로 보아 측정대상으로 삼았다. 이들 인구적 특성으로는
학력, 연령, 성별 등을, 직력 특성으로는 근무 부서, 근무 연
수, 도서관 직급(직위) 등을 다루었다.

3.1.3.2 종속변인

앞의 선행연구에서 검토한대로 정보기술이 도서관 구성원
에게 미치는 제 요인들을 허즈버그가 제시한 직무만족 및 불
만족요인 10개 영역의 틀에 맞추어 <표 2-2>에서 제시한 바
있다. 본 연구에서는 직무만족도를 종속변인으로 하여 허즈
버그의 2요인 이론에서 제시한 10개 영역 등 대부분의 연구
에서 직무만족조사의 대상이 되었던 요소들을 측정요소로 다
루었다.

<표 3-7> 종속변인과 측정요소

구분	종속 변인	측정 요소
직무만족요인 (동기적 요인)	직무 성취감	성취감(업무, 봉사)
	직무에 대한 인정	직장 상급자·직장 동료·도서관 이용자로부터의 인정, 사회적 위치에 대한 인정(이미지 또는 위상)
	직무 자체	효율성, 전문성, 독립성, 피드백, 흥미성, 다양성, 창의성, 도전성, 활동성, 능력 활용도
	책임감	업무 책임감, 권위와 권한(자치권), 자율성
	자기발전	승진기회, 자기발전 기회(장래성), 안정성
직무불만족요인 (환경적 요인)	조직의 감독	상급 관리자의 감독방법(감시와 통제)
	대인관계	상급자·동료 근무자·도서관 이용자와의 인간관계, 커뮤니케이션 통로(대화 채널)
	작업환경	자원 및 장비, 기술적 준비, 인간공학적 측면의 작업환경, 업무량

그러나 조직의 정책영역은 최고경영층의 지원도나 사서의 의사결정 참여도 등을 독립변인으로 다루었기 때문에 제외하고, 임금이나 보수관련 영역도 역사적으로나 제도적으로 성과급을 채택하고 있는 미국이나 유럽과는 차이가 있어 현실적인 영향요인으로 적합하지 않다는 판단에서 제외하였다. 따라서 본 연구에서는 직무만족요인(동기요인)으로 직무 성

취감, 직무에 대한 인정, 직무자체, 책임감, 자기발전 등 5개 영역과 직무불만족요인(환경요인)으로 조직의 감독, 대인관계, 작업환경 등 3개 영역을 합쳐 모두 8개 영역을 종속변인으로 삼아 연구의 목적에 맞게 용어를 정리하여 <표 3-7>과 같이 제시하였다.

3.2 연구방법

본 연구에서는 기존의 조사와 관련 연구를 분석하여 대학도서관의 정보기술 도입수준을 표준화된 방법으로 측정하여 한 시점에서의 직무만족도 측정이나 태도조사가 아닌 변인간의 관계를 밝히고자 하였다. 외국의 선행연구에서 취급되었던 다양한 변인들을 대상으로 하되 허즈버그의 2요인 이론에 맞추어 직무만족 및 직무불만족요인의 틀을 도구로 사용하였고, 표준화된 직무만족도 조사도구로 널리 이용되고 있는 MSQ를 분석, 수정하여 사용하였다. 또한 우리나라 대학도서관 전체의 사서들을 대상으로 층화표본추출법(Stratified Sampling)을 사용하여 전국적으로 표집 하였다.

이에 따라 앞의 연구의 문제에서 제기한 가설을 검증하기 위하여 전국의 4년제 종합 대학(교) 157개교 중 공식적인 도서관 통계를 제공하고 있는 131개 대학의 중앙도서관을 대상으로 표집 된 27개 대학을 연구대상기관으로 선정한 다음, 작성된 질문지(<부록 1>)를 사서직 근무자 모두에게 우편으로 배포하여 데이터를 수집하였다.

3.2.1 측정도구의 개발

본 연구를 수행하기 위하여 다음과 같이 측정도구를 개발하였다.

먼저, 각 대학별 정보기술 도입수준을 평가하기 위해서 정보기술 도입수준(3.1.3)에 관한 제반 논의를 거쳐 관련 연구와 기존의 도구를 분석하여 <표 3-3>의 대학도서관의 정보기술 도입수준 측정표를 개발하였다. 다만 이 측정표는 대학도서관의 정보기술 도입수준의 양적 기준으로서 대학 간의 차이를 밝히고자 한 것이다.

최고경영층의 지원도 평가표와 개인별 컴퓨터능력 평가표는 서건수(1993)의 연구와 한국정보문화센터의 조사방법(1999)을 참조하여 응용한 것으로서 응답자의 감정을 묻는 단순한 태도 조사가 아닌 하나의 측정도구로서 연구 대상자의 능력을 깊이 있게 평가하고자 한 것이다.

직무만족을 측정하기 위한 도구는 1967년 미네소타대학에서 개발된 이래 대표적인 직무만족질문지로 널리 인정받아온 MSQ의 기본 항목을 활용하였다. 질문지는 5단계 리커트식 척도를 사용하였다. MSQ는 20개의 직무단면마다 5개의 항목씩을 설정하여 모두 100개의 문항으로 구성되어 있는데, 본 연구에서는 기본적인 직무 단면을 나타내는 20개의 측정요소를 선별하고, 보충할 부분은 추가하여 보완하였다. 그 결과는 <표 3-8>과 같다. 따라서 질문지 작성은 정보기술의 도입과 영향에 관한 선행연구의 조사결과를 토대로 밝혀진 영향요인들을 허즈버그의 직무만족 2요인 이론에 따라 영역별로 나누어 설정한 다음, MSQ의 기본 아이템과 비교·분석하여 완성하였다.

<표 3-8>에서 보는 것처럼 MSQ의 17개 항목은 용어 사용에 있어서 다소간의 차이가 있지만 앞의 선행연구 결과에서 취급한 변인들과 공통적인 요소로 나타났다. 그러나 본 연구는 일반적 의미의 직무만족도 조사라기보다는 정보기술의 도입이 직무만족에 미치는 영향을 측정하고 변인 간의 관계를 입증하는 것이기 때문에 본 연구의 목적에 맞지 않는 일부 요소는 제외하였다.

<표 3-8> 직무만족도 측정항목

구 분	측 정 항 목
MSQ의 기본 항목	활동성(activity), 독립성(independence), 다양성(variety), 사회적 지위(social status), 감독－인간관계 (supervision-human relation), 감독－기술적 관계 (supervision-technical), 사회적 봉사(social services), 권위(authority), 업무활용능력(ability utilization), 발전(advancement), 책임감(responsibility), 창조성(creativity), 작업조건(working conditions), 작업 동료(co-workers), 인정(recognition), 성취(achievement), 안정성(security), 도덕적 가치 (moral values), 금전적 보상(compensation)
본 연구에 추가된 항목	전문성(knowledge and technique), 도전성(challenge), 효율성(efficiency), 피드백(feed-back), 흥미성(interesting), 자원 및 장비(resources and equipment), 커뮤니케이션(communications)

* MSQ의 기본 항목이지만 본 연구에서 제외된 항목: 도덕적 가치(moral values), 금전적 보상(compensation), 회사정책(company policies and practices).

먼저 MSQ의 기본 아이템 중에서 도덕적 가치(moral values) 는 업무에 대한 도덕성, 즉 종교적 신념이나 양심에 반하지 않는 업무인가 또는 다른 사람에게 해를 끼치는 일인가의 정도를 측정하는 것으로서 정보기술 도입에 따른 영향과는 관계가 없 어서 제외하였다. 업무성과에 대한 금전적 보상(compensation) 은 우리나라의 경우는 아직 연봉제나 성과급이 정착되어 있지 않 다는 현실적 여건을 고려하여 직접적인 연관성이 적은 것으로 보 아서 제외하였다. 회사정책(company policies and practices)은 앞 서 설명이 있었던 바와 같이 최고경영층의 지원도나 사서의 참여 경영 정도 등을 독립변인으로 다루었기 때문에 제외되었다.

그러나 전문성(knowledge and technique), 도전성(challenge), 효율성(efficiency), 피드백(feed-back), 흥미성(interesting), 자원 및 장비(resources and equipment), 커뮤니케이션(communications) 등은 앞에서 설정한 MSQ의 기본 항목에는 없지만 선행연구 결과와 환경변화 등을 고려하여 새롭게 포함시켰다.

먼저 전문성은 사서직과 같은 전문직에게는 필수적인 요소로서 정보기술 도입이 사서의 전문지식이나 기술의 증가에 영향을 미치는가를 조사해 볼 필요성이 있어 채택하였다. 도전성은 기존의 수작업 중심의 보수적 직업관에서 새로운 정보기술의 도입으로 인한 환경 변화에 따른 직무 자체의 변화 요인의 하나로 포함시켰다. 또한 효율성은 작업 방식의 변화를, 흥미성은 새로운 작업 도구의 흥미 유발 정도를, 피드백은 자신이 수행한 업무 결과를 알아볼 수 있는 정도를 측정하기 위한 것으로서 직무 특성상 중요한 요인으로 보아 포함시켰다. 이 밖에 자원 및 장비는 과거에는 중요한 환경 요소가 아니었지만 정보 인프라 관련 연구에 있어서는 기본적인 측정 요소가 되므로 포함하였다.

<표 3-9> 직무만족도 조사 질문지의 구성

구분	측정 변인	측정 요소	문항수	문항번호
종속변인	직무 성취감	업무 자체에 대한 성취감	1	1
		사회적 봉사에 대한 성취감	1	2
	직무에 대한 인정	상급자·동료·이용자로부터의 인정	3	3-5
		사회적 위치에 대한 인정	1	6
	직무 자체	능력 활용성	1	7
		활동성	1	8
		창조성	1	9
		도전성	1	10
		다양성	1	11
		흥미성	1	12
		피드백	1	13
		효율성	3	14-16
		전문성	1	17
		독립성(자율성)	1	18
	책임감	업무책임감	1	19
		권위 및 권한	1	20
	자기 발전	승진 기회	1	21
		장래성(자기발전 기회)	1	22
		안정성(고용 보장)	1	23
	조직의 감독	상급관리자의 감독방법	1	24
	대인 관계	상급자·동료·이용자와의 인간관계	3	25-27
		상급자·동료·이용자와의 커뮤니케이션	3	28-30
	작업 환경	자원 및 장비	1	31
		기술적 준비	1	32
		작업 환경	1	33
		업무량	1	34

커뮤니케이션은 대인관계 측면에서 허즈버그의 직무만족 2 요인 이론에서 직무불만족요인으로 설정하였고 본 연구에서도 조직의 감독과 차별화하는 측면에서 구체화할 필요가 있어 포함하였다. 또한 직무에 대한 인정영역과 환경 요인은 구체성을 나타내기 위하여 세분화하였다. 직무만족도 조사영역은 <표 3-9>와 같다.

전체적인 질문지의 구성을 보면, 직무만족도 조사문항은 Ⅰ단원에서 34개 항목(직무만족관련 1항－23항, 직무불만족관련 24항－34항)으로, 의사결정 참여도 및 최고경영층의 지원도에 관한 문항은 Ⅱ단원에서 4개 항목으로, 정보기술 도입을 위한 사전준비 및 컴퓨터 이용수준에 관한 문항은 Ⅲ단원에서 5개 항목으로, 개인적 배경은 Ⅳ단원에서 8개 항목으로 구성하였다.

3.2.2 데이터 수집 방법

3.2.2.1 조사대상과 표본추출

전국의 4년제 일반대학(교) 157개교 중에 공식적인 도서관 통계가 유지되고 있는 총 131개의 중앙도서관 사서들을 조사대상으로 하여 표본의 모집단으로 삼았다. 본 연구에서는 표본의 동질성과 대표성을 높이기 위하여 층화표본 추출법을 사용하여 앞서 제시한 평가기준에 따라서 전국 131개 대학도서관의 정보기술 도입수준을 측정하여 각각 수준별로 상위 1/4, 중위 1/2, 하위 1/4의 3개 영역의 대학도서관 군으로 나누었다. 수준에 따라 3개 군으로 나누어진 도서관을 대상으로 행정구역상 지역별로 서울특별시, 6개 광역시, 9개 도 등 모두 16개 권역으로 나누어 분할하고 표본비율 20%에 맞추어 27개의 중앙도서관(<부록 3> 비고란에 *표시 도서관)을 선정한 다음, 해당 도서관에 소속된 사서 전체를 조사대상으로 확정하였다. 표본의 구성은 <표 3-10>과 같다.

<표 3-10> 표본의 구성

구분	도서관수	백분율 (%)	표본 도서관수	백분율 (%)	특성
A집단	35	26.7	9	25.7	전체 도서관의 상위 1/4
B집단	66	50.4	9	13.6	전체 도서관의 중위 1/2
C집단	30	22.9	9	30.0	전체 도서관의 하위 1/4

<표 3-11> 표본의 지역별 분포

지 역	도서관수	백분율(%)	표본 도서관수	백분율(%)
서울특별시	26	27.48	7	25.93
부산광역시	11	8.40	2	7.41
경기도(인천)	19(3)	14.50	3	11.11
강원도	5	3.82	2	7.41
충청북도	6	4.58	2	7.41
충청남도(대전)	16(7)	12.21	3	11.11
경상북도(대구)	16(4)	12.21	3	11.11
경상남도(울산)	4(1)	3.05	1	3.70
전라북도	6	4.58	2	7.41
전라남도(광주)	10(5)	7.63	2	7.41
제주도	1	0.76	0	0.00
계	131	100.00	27	100.00

그러나 <표 3-11>과 같이 전국에 소재한 모집단 131개의 대학도서관을 지역적 분포비율을 고려하여 선정하였기 때문에 완전한 층화에 이르지는 못하였다. 최종적으로 27개 대학교의 471명의 사서들이 표집 되었다.

3.2.2.2 질문지의 배포 및 회수

선정된 도서관에 대해 한국대학연감, 국립대학도서관보의 직원명단, 전국사립대학교 도서관협의회의 회원명단, 한국도서관통계의 도서관 주소록을 참조하여 체계적인 표집을 통해 선정된 사서직 직원 471명의 성명을 식별한 후 우편을 통하여 개별적으로 질문지를 발송하였다. 1차 배포 후 미착 질문지에 대해서는 2차로 질문지를 배포하였으며, 양해 가능한 학교와 직원에 대해서는 도서관 메일링리스트의 E-Mail 주소나 FAX를 통해 질문지를 전송하고 회수하였다. 2000년 3월 20일부터 4월 10일까지 21일간에 걸쳐 데이터를 수집하였다. 총 368부의 질문지가 회수되었는데 이 중 불성실한 응답지 5부를 제외한 363부(77.07%)가 분석에 사용되었다.

3.3 분석 방법

본 연구에서는 분석도구로서 "윈도우용 SPSS(Statistical Package for the Social Science) 8.0" 통계 패키지를 사용하

였다. 크론바하의 알파(Chronbach's Alpha) 계수를 사용하여 신뢰도를 측정하였으며, 요인 분석 방법을 통하여 타당도를 검증하였다. 측정 변인에 대한 기초 통계량을 제시하였고, 연구가설을 검증하기 위해서는 분산분석, T-검증, 상관관계분석 등의 방법이 사용되었다.

4. 데이터 분석과 고찰

4.1 응답자의 통계적 특성

응답자 363명(77.07%)의 특성에 대한 기초 통계를 살펴보면 다음과 같다.

4.1.1 응답자의 연령과 성별

응답자의 개인적인 특성 중에서 연령과 성별에 관한 기초 통계를 살펴보면 다음의 <표 4-1>과 같다.

<표 4-1> 응답자의 연령과 성별

연 령	성 별		응답자수(%)
	남성	여성	
25세 미만	0	5	5 (1.4)
25-30세	6	32	38 (10.5)
31-35세	44	46	90 (24.8)
36-40세	54	48	102 (28.1)
41-45세	49	35	84 (23.1)
46-50세	20	14	34 (9.4)
51-55세	5	3	8 (2.2)
56세 이상	2	0	2 (0.6)
전 체 (%)	180 (49.6)	183 (50.4)	363 (100.0)

　　전체 363명의 응답자 중 남성은 180명(49.6%)이며, 여성은 183명(50.4%)으로 여성이 남성보다 근소하게 많지만 전국적으로 비슷한 성별 분포가 유지되고 있는 것으로 볼 수 있다. 연령 분포는 36-40세가 102명(28.1%), 31-35세가 90명(24.8%), 41-45세가 84명(23.1%) 등으로 다소 많은 분포를 나타내고 있고 20대와 50대 이상이 대단히 낮은 분포를 나타내고 있다. 따라서 전체적으로 31세부터 45세까지의 사서들(76%)이 대부분의 도서관에서 중심적 연령분포를 형성하고 있다고 볼 수 있다.

4.1.2 응답자의 학력과 직위

　　전체 응답자 363명 중 학력을 기록하지 않은 2명의 무응답자를 포함한 363명의 학력과 직위를 토대로 응답자의 현황을 보면 다음의 <표 4-2>와 같다.

<표 4-2> 응답자의 학력과 직위

학 력	직 위			응답자수 (%)
	평직원	주임·계장급	과장·부장급	
전문대학(문헌정보과)	22	7	1	30 (8.3)
4년제 대학(문헌정보학과)	149	50	5	204 (56.2)
문헌정보학과외 학과	16	8	1	25 (6.9)
사서교육원	33	19	5	55 (15.2)
석사(문헌정보관련학과)	20	18	3	43 (11.8)
박사(문헌정보관련학과)	1	0	1	2 (0.6)
기타(무응답 포함)	2	2	0	4 (1.1)
전체 (%)	243 (66.9)	104 (28.7)	16 (4.4)	363 (100.0)

　최종학력을 기준으로 볼 때, 응답자의 직급(위) 중 평직원이 243명(66.9%), 주임 또는 계장급이 104명(28.7%), 과장급또는 부장급은 16명(4.4%)으로 전형적인 피라미드형 조직을형성하고 있음을 알 수 있다. 학력별로는 4년제 문헌정보학과 졸업자가 204명(56.2%)으로 가장 많았고, 그 다음으로 사서교육원 출신자가 55명(15.2%)이며, 문헌정보학과와 관련된학과의 석사학위 취득자도 43명(11.9%)이나 되었다. 전문대학 출신자는 단지 30명(8.3%)으로 전체적으로 대학도서관 사서들은 고학력을 유지하는 것으로 볼 수 있다.

4.1.3 응답자의 근무 경력과 부서

　응답자의 근무 부서와 근무 경력에 대한 현황을 보면 다음의 <표 4-3>과 같다.

<표 4-3> 응답자의 근무 부서와 경력

근 무 부 서	근 무 경 력						응답자수 (%)
	2년 미만	2-5 년	6-10 년	11-15 년	16-19 년	20년 이상	
목록 · 분류	7	11	26	31	14	11	100(27.5)
수서	1	7	12	21	10	12	63(17.4)
참고봉사	0	7	21	15	11	9	63(17.4)
열람 · 대출	5	9	9	20	19	19	74(20.4)
전산화	0	5	5	8	7	3	31 (8.5)
서무 등 행정	0	2	6	6	5	3	22 (6.1)
고서 · 특수자료	0	1	1	1	3	0	6 (1.7)
기타	0	0	1	2	0	1	4 (1.1)
전체 (%)	13(3.6)	42(11.6)	95(26.2)	99(27.3)	69(19.0)	45(12.4)	363(100.0)

응답자들의 근무 경력은 6-10년(26.2%)과 11-15년(27.3%)의 근무자가 다소 많았으며, 16-19년 된 근무자도 12.4%(45명)나 되었다. 따라서 전체적으로 6년 이상 20년 미만 근무자(74.8%)가 주류를 형성하고 있는 것으로 볼 수 있다. 응답자들의 근무 부서는 목록·분류 부서가 100명(27.5%)으로 가장 많고, 다음으로 열람·대출부서 근무자가 74명(20.4%)으로 많았다. 수서 부서와 참고 부서는 각각 63명(17.4%)이고 고서·특수 자료직을 제외한 다른 근무 부서는 비교적 골고루 분포되어 있는 것으로 나타났다.

4.1.4 응답자의 자격취득

정보기술의 도입수준 집단별로 응답자의 취득자격을 복수응답으로 조사하여 교차 분석한 결과는 다음의 <표 4-4>와 같다. 전체 363명을 대상으로 할 때, 정사서 2급이 236명(65.0%)으로 가장 높았으며, 그 다음으로는 정사서 1급이 85명(23.4%), 준사서 43명(11.8%)의 순으로 나타났다. 본 연구에서는 정보기술의 도입수준을 상위 1/4에 해당되는 9개교를 A집단으로, 중위 1/2에 해당되는 9개교를 B집단으로, 하위 1/4에 해당하는 9개교를 C집단으로 하여 3개 집단 간의 차이를 분석하였다. 집단별로 분석해 보면, A집단을 대상으로 한 결과에서는 정사서 2급(129명, 62.0%)이 가장 높았으며, 정사서 1급(55명, 26.4%), 준사서(26명, 12.5%)의 순이었으며, B집단도 정사서 2급(70명, 73.7%)이 가장 높았으며, 정사서 1급

(21명, 22.1%), 준사서(5명, 5.3%)의 순이었다. C집단도 정사
서 2급(37명, 61.7%)이 가장 높은 것은 A집단이나 B집단과
같으나, 준사서(12명, 20.0%) 자격이 상대적으로 많은 것으로
나타났다. 이 밖에 기타 14명은 인터넷 정보검색사, 컴퓨터능
력 자격증 취득자 등으로 나타났다.

<표 4-4> 응답자 취득자격과 정보기술 도입수준 집단
　　　　별 빈도

구 분		정보기술 도입수준(%)			응답자수
		A집단	B집단	C집단	
취득 자격	준사서	26 (12.5)	5 (5.3)	12 (20.0)	43 (11.8)
	정사서 2급	129 (62.0)	70 (73.7)	37 (61.7)	236 (65.0)
	정사서 1급	55 (26.4)	21 (22.1)	9 (15.0)	85 (23.4)
	정보처리기사 2급	7 (3.4)	0 (0.0)	1 (1.7)	8 (2.2)
	정보처리기사 1급	6 (2.9)	3 (3.2)	2 (3.3)	11 (3.0)
	기타	12 (5.8)	0 (0.0)	2 (3.3)	14 (3.9)

* 이 표는 복수응답 문항으로 작성되었기 때문에 응답자수의 백분율의
  값이 100%를 초과할 수 있음

　　따라서 A집단이 B집단과 C집단보다 정사서 1급의 비율이
높고, 정보처리기사 자격증도 많이 갖고 있는 반면, C집단은
준사서가 20%나 되어 취득 자격수준이 다른 집단에 비해 낮
은 것으로 나타났다.

4.2 신뢰도와 타당도 분석

가설검증에 앞서, 질문지를 통한 측정이 예측하고자 하는 변인들의 특성을 잘 반영하고 있는가를 검증하기 위해 변인들의 측정도구들에 대한 신뢰성과 타당성을 검증하였다. 신뢰도의 척도로서는 크론바하의 알파 계수값을 사용하였고, 타당성 검증을 위해서는 요인분석 방법을 사용하였다.

<표 4-5> 측정변인들의 각 측정요소에 대한 신뢰도와 타당도

측정변인	측정문항	공통 분산치	항목제거 시 알파 계수값	아이겐값	설명분산 (%)	전체 알파 계수값
직무성취감	1	0.834	–	1.668	83.408	0.8008
	2	0.834	–			
직무에 대한 인정	3	0.697	0.7803	2.686	67.157	0.8319
	4	0.741	0.7624			
	5	0.632	0.8021			
	6	0.616	0.8075			
직무자체	7	0.476	0.8860	5.533	46.107	0.8929
	8	0.485	0.8840			
	9	0.668	0.8780			
	10	0.694	0.8792			
	11	0.604	0.8826			
	12	0.515	0.8824			
	13	0.379‡	0.8879			
	14	0.670	0.8851			
	15	0.670	0.8877			
	16	0.713	0.8917			
	17	0.511	0.8824			
	18	0.486	0.8837			
책임감	19	0.795	–	1.589	79.471	0.7362
	20	0.795	–			
자기발전	21	0.721	0.7774	2.223	74.114	0.8252
	22	0.741	0.7597			
	23	0.761	0.7391			

측정변인	측정문항	공통 분산치	항목제거 시 알파 계수값	아이젠값	설명분산 (%)	전체 알파 계수값
대인관계	25	0.516	0.7880	3.148	52.459	0.8159
	26	0.539	0.7860			
	27	0.461	0.7970			
	28	0.557	0.7798			
	29	0.592	0.7782			
	30	0.482	0.7925			
작업환경	31	0.627	0.6254	2.177	54.424	0.7147
	32	0.685	0.5917			
	33	0.556	0.6394			
	34	0.309‡	0.7359†			

· 측정변인 중 조직의 감독변인은 1개의 독립문항이므로 신뢰성이나 타당성 검증
　에서 제외
† 34번 문항은 제거 시 알파 계수값이 전체 알파 계수값보다 높음
‡ 공통분산치가 기준치인 0.4보다 낮음

4.2.1 신뢰도 검증

　직무만족도를 측정하기 위한 각 측정변인들은 앞의 <표 4-5>에서 보는 바와 같이 전체 알파 계수값이 0.6 이상이므로 전체적으로 신뢰도가 있는 것으로 검증되었다. 그러나 작업환경 변인의 측정요소 중 34번 업무량의 문항에 대해서는 현재의 알파 계수값이 전체 알파 계수값보다 커서 이를 제외해야 전체적인 측정변인에 대한 신뢰도를 높일 수 있으므로, 이는 차후의 분석에서 제외하기로 하였다.

　두 개의 측정요소로 구성되어 전체 알파 계수값에 미치는 영향이 나타나지 않아 상관분석을 실시해야 하는 측정변인 중

직무성취감의 측정요소는 전체 알파 계수값이 0.8008로 신뢰
성 기준에 충족하며, 상관분석 결과도 <표 4-6>과 같이 p<.01
에서 통계적으로 유의하고, 비교적 상관성(r=0.668)이 높은 것
으로 나타났다.

<표 4-6> 직무성취감 변인에 대한 측정요소 간의 상관
분석

구 분		업무자체 성취감	사회적 봉사 성취감
업무자체에 대한 성취감	상관계수	1.000	0.668(**)
	유의도		0.000
사회적 봉사에 대한 성취감	상관계수	0.668(**)	1.000
	유의도	0.000	

** p<.01

또한 책임감의 측정요소도 알파 계수값이 0.7362로 신뢰성
기준에 충족하며, 상관분석 결과도 <표 4-7>과 같이 p<.01에
서 통계적으로 유의하며, 비교적 상관성(r=0.589)이 높은 것으
로 나타났다.

<표 4-7> 책임감 변인에 대한 측정요소 간의 상관분석

구 분		업무 책임감	권위 및 권한
업무 책임감	상관계수	1.000	0.589(**)
	유의도		0.000
권위 및 권한	상관계수	0.589(**)	1.000
	유의도	0.000	

** p<.01

4.2.2 타당도 검증

직무만족을 측정하기 위한 변인들의 개념구성 타당도를 검증하기 위하여 개별적인 항목들에 대하여 요인분석을 실시한 결과, 앞의 <표 4-5>에서 보는바와 같이 대부분의 문항들이 대체적으로 공통분산치가 0.4 이상인 것으로 나타나 양호한 결과를 보이고 있다.

공통 분산치가 0.4 이하인 항목으로는 직무만족도의 측정변인들 중 직무자체변인의 13번 문항인 피드백 항목과 작업환경 측정변인 중 34번 업무량 문항이 각각 0.379와 0.309로 기준치에 미달하였다. 그러나 이 중에서도 피드백 항목은 신뢰성이 검증되었고, 공통분산비율도 기준치보다 아주 약한 미달이어서 분석에 포함시키기로 한다. 그러나 작업환경 측정변인 중 34번 업무량에 대한 측정요소가 공통 분산치가 기준치보다 현저히 낮게 나타나므로 이는 신뢰도 검증에서와 마찬가지로 연구의 타당성을 저해하므로 차후 분석에서 제외하기로 한다.

4.3 측정 변인의 기초 통계량

가설을 검증하기 전에 데이터에 대한 기초적 통계를 분석하여 집단별 직무만족도와 변인별 측정치의 평균과 표준편차를 살펴보았다.

허즈버그의 2요인 이론에 근거하여 직무만족요인과 직무불만족요인으로 구성된 변인에 대한 측정치는 5점 척도 문항을 기준으로 3점보다 높을수록 직무만족도가 높다는 것을 의미하며 3점보다 낮을수록 직무만족도가 낮다는 것을 의미한다.

집단별 직무만족도의 평균과 표준편차는 <표 4-8>과 같다. <표 4-8>에 나타난 공통적인 사항을 정리하면 다음과 같다.

첫째, 정보기술 도입수준에 따라 A집단(상위 1/4), B집단(중위 1/2), C집단(하위 1/4)으로 구분된 세 집단 간의 직무만족도(3.1925, 3.0848, 3.0066)는 정보기술 도입수준이 높은 순으로 직무만족도가 높게 나타났으나 그 차이는 크지 않다.

둘째, 세 집단은 모두 직무에 대한 성취감(3.3729-3.6923)이 전반적으로 가장 높게 나타났고, 직무에 대한 타인의 인정요인(3.2373-3.4375)도 모두 높은 편이다. 직무 자체의 요인 중에는 업무처리의 용이성, 정확성, 처리속도를 나타내는 효율성(3.2881-3.5337)이 전반적으로 높게 나타났다. 이 밖에 대인관계(커뮤니케이션)도 3.3점 수준을 전후하여 비교적 만족하는 것으로 나타났다.

<표 4-8> 정보기술 도입수준에 따른 집단별 직무만족도

측정 요소		A집단		B집단		C집단	
		평 균	표준 편차	평 균	표준 편차	평 균	표준 편차
성취감	직무 자체	3.6106	.6647	3.6211	.8652	3.3729	.8489
	사회적 봉사	3.6923	.7366	3.5368	.9087	3.5424	.7028
인정	상급자	3.3510	.6270	3.1895	.6887	3.1525	.7384
	동료	3.3125	.6763	3.3053	.6696	3.1864	.7065
	이용자	3.4375	.7714	3.4316	.8462	3.2373	.7506
	사회적 위치	3.3942	.7854	3.2526	.6679	2.8475	.7837
직무 자체	능력 활용성	3.1587	.6942	2.9684	.7916	2.7627	.8375
	활동성	3.3173	.7056	3.1579	.8790	2.9322	.7626
	창조성	3.1250	.7248	2.9579	.9666	2.8305	.8935
	도전성	3.1106	.7691	2.8105	1.0137	2.6271	.8886
	다양성	3.0385	.8273	2.8526	1.0311	2.6949	.9145
	흥미성	3.2019	.7599	3.1474	.9561	3.1186	.6717
	피드백	3.0913	.6712	3.0105	.7648	3.0847	.6769
	용이성	3.3317	.7227	3.3579	.7978	3.1864	.7065
	정확성	3.5337	.7148	3.4632	.8097	3.3898	.6700
	처리속도	3.4615	.6940	3.4105	.7648	3.2881	.7890
	전문성	3.1106	.7691	2.8737	.9020	2.8983	.8448
	독립성	3.0288	.8277	2.9368	.9655	2.7288	.9065

측정 요소		A집단		B집단		C집단	
		평 균	표준 편차	평 균	표준 편차	평 균	표준 편차
책임감	업무 책임감	3.1875	.8096	2.8737	.9919	2.8983	.8448
	권위(권한)	2.9760	.6841	2.8316	.8710	2.8136	.7763
자기 발전	승진 기회	2.7981	.8151	2.4947	.9879	2.4237	.7923
	장래성	2.9519	.8031	2.6526	.9314	2.5932	.8929
	고용 안정성	3.1154	.7778	2.8316	.8710	2.3559	.8461
감독	감독방법	2.8894	.7628	2.8526	.8869	2.8983	.8029
대인 관계 / 커뮤 니케 이션 채널	상급자	3.0192	.7737	2.9789	.8989	3.2203	.8523
	동료	3.2163	.6855	3.2947	.7127	3.3729	.6669
	이용자	3.2788	.7480	3.3263	.8684	3.3220	.7529
	상급자	3.0240	.7829	3.0000	.9109	3.0508	.7971
	동료	3.2067	.6450	3.2737	.7779	3.3390	.6594
	이용자	3.2452	.7372	3.1579	.7624	3.3729	.7404
작업 환경	자원 및 장비	3.2356	.8089	3.2105	.7841	3.1525	.6647
	기술적 준비	3.0048	.8253	2.9053	.7999	2.8814	.7212
	작업환경	2.8942	.8616	2.8316	.9069	2.4915	.8173
	업무량	2.9663	.6977	3.1053	.8312	2.8475	.8054
계		3.1925	.4181	3.0848	.5328	3.0066	.4842

<표 4-9> 직무만족 및 불만족 요인에 대한 전체평균

구 분	전체		A집단		B집단		C집단	
	평균	표준편차	평균	표준편차	평균	표준편차	평균	표준편차
직무만족요인 (동기요인)	3.1491	0.4960	3.2320	0.4320	3.0856	0.5633	2.9550	0.5332
지무불만족요인 (환경요인)	3.0978	0.5036	3.1014	0.4782	3.0832	0.5651	3.1102	0.4985

셋째, 공통적으로 직무만족도가 낮은 요인은 자기발전 요인으로 승진기회(2.4237-2.7981), 장래성(2.5932-2.9519), 고용안정성(2.3559-3.1154) 등 모든 측면에서 만족하지 않는 것으로 나타났다. 상급자와의 관계는 상대적으로 만족수준이 낮지만 동료와 이용자와의 관계는 대체로 원만한 수준으로 나타났다. 또한 작업환경 요인에 대해서도 기본적인 자원 및 장비수준을 제외한 기술지원 수준(2.8814-3.0048), 작업환경(2.4915-2.8942) 등도 전체적으로 낮은 만족도를 나타내고 있다.

넷째, 집단별로 볼 때 상위집단은 다른 집단에 비해 차이는 크지 않지만 거의 모든 요인에서 상대적으로 만족감을 갖고 있고 자기발전 요인, 감독 등도 측정 평균치에서 크게 벗어나지 않았다. 중위집단의 직무만족 경향은 상위집단의 경향과 유사하지만 상위집단이 직무자체요인의 상당수의 측정 요소들에 대해 만족하는 반면, 중위 집단은 직무자체의 내용 중 능력 활용성, 창조성, 도전성, 다양성, 전문성, 독립성에서 평균치 이하로 나타나고 있다. 또한 책임감을 나타내는 업무

책임감과 권위 및 권한 등에서 만족하지 못하는 것으로 나타
났다. 하위집단의 경우는 불만족요인(환경요인) 가운데 감독
방법과 대인관계에서는 상대적으로 만족하며 우위를 점하고
있지만 전체적으로 낮은 직무만족도를 나타내는 요인이 많
다. 무엇보다도 자기발전 요인(2.3559-2.5932)에 대한 불만족
수준이 상대적으로 대단히 높은 가운데 업무자체 요인 중에
서도 능력 활용성, 창조성, 도전성, 다양성, 전문성, 독립성뿐
만 아니라 인정요인의 사회적 위치 등에도 낮은 만족도를 나
타내고 있어 동기 유발 요인에 대한 만족수준이 매우 낮은
것을 알 수 있다.

  이상에서 보는 바와 같이 현재의 정보기술 환경 하에서의
우리나라 대학도서관 사서들의 평균적인 직무만족도는 3.1336
으로 그간 선행연구(백항기, 1986; 정춘화, 1986; 정경란, 1991;
장용우, 1992; 최립학, 1993; 조성원, 1996; 홍영미, 1996 등)에
서 조사되었던 2.7에서 3.1수준의 직무만족도 범위를 약간 넘
어섰지만 그 영향은 크지 않은 것으로 보인다. <표 4-9>의 결
과를 보면, 허즈버그의 이론에 따라 환경요인으로 분류된 감
독, 대인관계, 작업환경 등에 대한 3개 집단의 평균값은 3.0832
에서 3.1102사이의 수준으로 정보기술 도입으로 인한 특별한
불만족요인의 증가는 나타나지 않았다고 볼 수 있다. 다만 도
입된 자원 및 장비수준에 비하여 이를 지원하는 기술적 수준
(2.8814-3.0048)이 아직 미흡하고 작업환경(2.4915-2.8942)이
열악한 것으로 나타난 만큼 이에 대한 개선이 필요하다고 본
다. 이에 반해 동기요인으로 구분된 성취감, 인정, 직무자체,

책임감, 자기발전 요인은 집단별로 전체 평균이 2.9550에서 3.2320으로 상대적으로 약간 높은 직무만족도를 나타내고 있다. 이러한 결과는 함샤리(Hamshari, 1985)의 연구와 박미현(1999)의 연구결과에서도 입증된 것으로 동기요인은 직무만족 증가에 기여하고 환경요인은 직무만족 감소에 기여한다는 허즈버그의 2요인 이론의 활용력을 대체로 지지한 것으로 볼 수 있다는 전에서 중요한 연구결과로 볼 수 있다. 전체적으로 직무 성취감과 사회적 위치 등 인정요인의 증가는 권미아(1992)의 연구결과와 같았다.

  그러나 직무의 내용을 설명하는 직무자체 요인의 측정결과는 선행연구에서의 다양한 연구결과와 마찬가지로 논의의 여지가 많이 남아 있다. 대체적으로 업무처리의 효율성은 여러 연구자들(Bothwell & Lovejoy, 1987; Edwards, 1995 등)의 견해처럼 정보기술 도입의 가장 긍정적인 요인이 된다는 것이 우리나라에서도 입증되었다. 그러나 흥미성, 도전성, 창의성, 다양성, 활동성, 전문성 등의 측정요소는 여러 학자들(Slater, 1984; Shaw, 1986; Waters, 1988; Olsgaard, 1989; Edwards, 1995)의 연구결과가 달랐듯이 우리나라에서도 일반적인 경향은 나타나지 않았다. 다만 중·하위 집단이 상위집단에 비해 상대적으로 직무만족도가 낮은 것으로 보아 이들 도서관에 대해서는 직무 자체에 대한 보다 많은 동기유발 요소를 지원하는 대책이 있어야 할 것으로 보인다. 따라서 정보기술이 직무 자체에 미치는 영향은 조직 내·외의 여러 가지 환경요인과 개인 특성이 완전히 통제되지 않는 한 다양한 연구결과가 앞으로도 계속 나

올 수 있을 것으로 보인다.

4.4 가설의 검증

가설의 검증을 위해서 분산분석, 다변량 분산분석, T검증, 상관분석 방법을 사용하였다. 본 연구에서 상관관계 측정은 상관계수가 0.30 수준 혹은 그 이상이면 변인 간의 상관관계가 유의미한 것으로 설정하였고 분산분석의 유의도는 0.05 이하로 정하였다.

4.4.1 정보기술의 도입수준과 직무만족

4.4.1.1 정보기술의 도입수준이 높은 대학도서관에서 근무하는 사서와 정보기술의 도입수준이 낮은 대학도서관에서 근무하는 사서는 직무만족도에서 차이가 있다(가설 1-1의 검증)

본 연구에서는 정보기술의 도입수준을 A집단(상위 1/4), B집단(중위 1/2), C집단(하위 1/4)으로 나누어 그 수준에 따라 집단별로 직무만족도의 차이가 있는가를 분석하였다. 이를 위해 허즈버그의 2요인 이론에 근거한 직무만족요인과 직무불만족요인 중 8개의 측정변인을 구성하는 측정항목들의 평균을 산출하여 직무만족도를 구성하고, 정보기술의 도입수준에 대해서는 집단별 일원배치분산분석(One-Way ANOVA)

을 실시하였다. 정보기술 도입수준별로 각 집단에 대한 직무
만족도의 분석결과는 <표 4-10>과 같다.

<표 4-10> 정보기술 도입수준별 집단 간 직무만족도
의 차이

	응답 자수	평 균	표준 편차		자유도	F 통계량	유의도
A집단	208	3.1925	0.4181	집단 간 분산	2	4.493	0.012*
B집단	95	3.0848	0.5328				
C집단	60	3.0066	0.4842	집단 내 분산	360		
전 체	363	3.1336	0.4660		362		

* p<.05

분석결과, F검증통계량이 p<.05 수준에서 유의하게 나타나
므로, 세 집단 간의 평균의 차이가 없다는 귀무가설이 기각되
었다. 따라서 평균차이에 대한 A집단, B집단, C집단 간에는 직
무만족도에 대해 의미 있는 차이가 있다. 정보기술 도입수준이
가장 높은 A집단의 전체 직무만족도 평균값이 3.1925로 가장
높게 나타났으며, 다음으로 B집단이 3.0848, C집단이 3.0066의
순으로 나타남으로써 정보기술 도입수준이 높을수록 직무만족
도가 높아진다는 추론이 가능해 졌다.

4.4.1.2 정보기술의 도입수준이 높은 대학도서관에서 근무
하는 사서의 직무만족요인과 정보기술의 도입수준
이 낮은 대학도서관에서 근무하는 사서의 직무만
족요인은 차이가 있다(가설 1-2의 검증)

정보기술의 도입수준에 따라 대학도서관에서 근무하는 사서
들의 직무만족요인들 간에 차이가 있는가를 검증하기 위해 다
변량 분산분석을 실시하였다. 신뢰도 검증에서 합당하지 않게
나타난 34번 문항(업무량)을 제외한 각각의 측정변인들의 평
균을 구한 다음에 이를 종속변인으로 놓고, 정보기술 도입수준
으로 구분한 A집단, B집단, C집단을 독립변인으로 하여 다변
량 분산분석을 실시한 것이다.

정보기술의 도입수준별로 각 직무만족요인들과의 차이분석
을 위한 사전 분석으로서, 직무만족도의 측정변인들 간의 상
관관계 결과는 다음의 <표 4-11>과 같다.

<표 4-11> 직무만족도의 측정변인들 간의 상관관계

	직무 성취감	직무 인정	직무 자체	책임감	자기 발견	조직의 감독	대인 관계	작업 환경
직무성취감	1.000							
직무 인정	0.615	1.000						
직무 자체	0.570	0.500	1.000					
책임감	0.407	0.454	0.717	1.000				
자기 발견	0.337	0.392	0.529	0.518	1.000			
조직 감독	0.245	0.290	0.413	0.360	0.405	1.000		
대인 관계	0.366	0.369	0.500	0.483	0.408	0.398	1.000	
작업 환경	0.464	0.395	0.533	0.551	0.367	0.388	0.438	1.000

* 모든 항목들에 대해 $p<.000$에서 유의하게 나타남.

직무만족도를 측정하기 위한 각각의 항목들 및 변인들에 대한 정보기술 도입수준별 집단들 간의 평균과 표준편차 및 응답빈도는 다음의 <표 4-12>와 같이 분석되었다.

각 집단 간의 직무만족 변인들에 대한 차이 검증에서 F-검증통계량의 유의도 값이 0.000으로 $p<.05$에서 유의한 차이가 있는 것으로 나타났다.

개개의 측정변인들의 평균에 대한 정보기술의 도입수준에 따른 차이분석에서는 정보기술의 도입수준이 높은 A집단이 허즈버그가 동기요인으로서 설정한 직무성취감(3.6514), 직무에 대한 인정(3.3738), 직무자체(3.2091), 책임감(3.0817), 자기발전(2.9551)요인에서 다른 집단보다 높은 평균을 가지며 상대적으로 만족도가 높은 것으로 나타났다. 반면에 환경요인으로 설정한 작업환경 요인에서도 평균값이 3.0449로 가장 높은 것으로 나타났다. B집단은 다른 집단에 비해 특별히 높은 직무만족요인이나 불만족요인 없이 대체로 중간수준에 위치하는 것으로 나타났다. 반면 C집단은 전체적으로 책임감을 제외한 4개 직무만족요인이 가장 낮고 특히 자기발전(2.4667) 요인이 측정치 중 가장 낮음으로써 장래에 대한 기대가 낮고 고용 불안이 있는 것으로 해석된다. 그러나 직무불만족요인을 측정하기 위한 변인들 중 조직의 감독요인과 대인관계에 대해서는 정보기술 도입수준이 가장 낮은 C집단의 평균값이 2.9000과 3.2797로 가장 높게 나타나 근무환경이나 대인관계에서 불만은 많지 않은 것으로 나타났다.

\<표 4-12\> 직무만족 측정변인들의 정보기술 도입수준 별 집단 간의 차이 비교

측정 변인	문항	평균	표준 편차	MANOVA 분석에 의한 집단 간 차이					
				A집단		B집단		C집단	
				평균	표준 편차	평균	표준 편차	평균	표준 편차
직무 성취감	1	3.5758	0.7556	3.6514	0.6312	3.5789	0.8294	3.4667	0.7063
	2	3.6281	0.7810						
직무에 대한 인정	3	3.2782	0.6667	3.3738	0.5826	3.2947	0.6003	3.1208	0.6010
	4	3.2920	0.6793						
	5	3.4050	0.7892						
	6	3.2700	0.7788						
직무 자체	7	3.0441	0.7567	3.2091	0.4747	3.0789	0.6356	2.9653	0.5530
	8	3.2121	0.7736						
	9	3.0331	0.8270						
	10	2.9532	0.8767						
	11	2.9339	0.9049						
	12	3.1736	0.8007						
	13	3.0689	0.6958						
	14	3.3140	0.7399						
	15	3.4904	0.7334						
	16	3.4215	0.7292						
	17	3.0138	0.8226						
	18	2.9587	0.8832						
책임감	19	3.0606	0.8774	3.0817	0.6543	2.8526	0.8439	2.8667	0.7299
	20	2.9118	0.7529						
자기 발전	21	2.6584	0.8726	2.9551	0.6676	2.6596	0.7989	2.4667	0.7670
	22	2.8154	0.8646						
	23	2.9174	0.8564						
조직 감독	24	2.8815	0.8004	2.8894	0.7628	2.8526	0.8869	2.9000	0.7962
대인 관계	25	3.0413	0.8216	3.1651	0.5081	3.1719	0.6200	3.2797	0.5583
	26	3.2617	0.6896						
	27	3.2975	0.7793						
	28	3.0220	0.8173						
	29	3.2452	0.6836						
	30	3.2424	0.7445						
작업환경	31	3.2149	0.7782	3.0449	0.6787	2.9825	0.6709	2.8418	0.5785
	32	2.9587	0.8012						
	33	2.8127	0.8752						
	34	2.9835	0.7542	*신뢰성이 없으므로 분석에서 제외					

** 집단분류 F-통계량은 3.313, p<.05

이상에서 가설 1의 검증을 통한 분석결과를 볼 때, 정보기술 도입이 도서관 직원의 직무만족에 미치는 영향은 측정 변인의 기초통계량 분석에서 서술한 관련 연구동향의 결과와 같이 대상 집단의 규모와 성격 등 수준에 따라 다르게 나타나는 것으로 분석되었으며, 정보기술의 도입수준이 높은 대학도서관일수록 사서의 직무만족도가 높다는 결과가 나왔다. 다만 집단 간의 차이가 크게 나타나지는 않았는데 이것은 직무만족도의 편차가 크게 나타나지 않는 우리나라 직무만족도 연구결과와도 관계가 있는 것 같다.

지금까지 대학도서관의 사서들을 대상으로 한 선행연구(정춘화, 1986; 장희발, 1987; 정경란, 1991; 최림학, 1993; 조성원, 1996; 유길호, 1999)와 공공도서관 사서들을 대상으로 한 선행연구(장용우, 1991; 홍영미, 1996)의 결과도 직무만족도가 2.8에서 3.1범위를 크게 벗어나지 않는 종형 형태의 밀집 분포를 보이고 있다. 우리나라의 경우에는 사서직뿐만 아니라 타 직종에도 유사한 결과가 나와 있다. 생산직 근로자(이종법, 1995), 공공조직의 구성원(전용득, 1998), 대도시 교원(오세복, 1999)의 직무만족도도 전체적인 직무만족도에서는 사서직과 별 차이가 없는 것으로 나타났다. 그러나 미국이나 캐나다 등의 사서의 직무만족도를 보면 우리와는 다르다. 정춘화(1986)가 소개한 와바(Wahba, 1975)의 연구결과를 보면, 미국 남녀의 직무만족도는 3.7480과 3.5180으로 우리의 경우보다 훨씬 높다.

이후에도 함샤리(1985)의 연구결과는 전체 평균 3.9845(기술부서 4.316, 열람부서 3.651)이었고, 켐(1996)의 연구결과도 평균 3.6820으로 나타났다. 또한 캐나다 대학도서관 사서를 대상

으로 한 렉키와 브레트(1997)의 연구에서도 평균 3.59로 나타
났다. 이러한 차이는 미국이나 캐나다의 사서직의 사회적 위치
나 직장 내의 환경적인 조건의 차이에서 1차적인 원인이 있겠
지만 질문지에 자기 생각을 적극적으로 표현하는 성격과 관련
이 있는 것으로 생각되며 장차 연구과제로 규명되어야 할 사
실이다.

   정보기술 도입수준에 따라 집단별로 직무만족에 영향을 미
치는 요인이 다를 것이라는 가설이 차이검증을 통하여 입증
되었다. 상위 1/4에 해당하는 A집단은 평균 3.2수준의 전체
직무만족도를 나타냄으로써 미국이나 캐나다의 대학도서관의
사서의 직무만족도 수준에는 못 미치지만 국내의 연구결과로
는 상대적으로 높은 수준이다. 업무성취감 중에서도 사회적
봉사를 통한 성취감(3.6923)이 가장 크다는 것은 새로운 정보
환경 속에서 나름대로 사서직에 대한 철학과 윤리의식이 성
장한 것으로 해석된다.

   다음으로 높은 직무에 대한 인정에 있어서도 이용자에 대
한 사서의 인정(3.4375)과 사서직의 사회적 위치(3.3942) 요인
이 높은 것은 사서직이 도서관 장서관리자로서가 아니라 이
용자에 대한 보다 적극적인 상담자로서의 역할을 확대시키고
있으며 이를 다양한 커뮤니케이션을 통해 이용자로부터 인정
받고 있다고 사서들이 인식하고 있는 것으로 볼 수 있다. 직
무 자체에 있어서는 앞에서 분석된 것처럼 도서관 자동화 등
정보기술의 도입이 업무의 효율성을 분명히 향상시킨 것으로
나타났다. 그러나 활동성과 흥미성을 제외한 나머지 요소는
별 다른 영향을 받지 않은 것 같다. 이것은 스래터(1984)나

쇼(1986)의 연구결과와 같이 정보기술 도입으로 인해 사서들이 일상적이고 반복적인 업무는 컴퓨터에게 맡기고 전문적이고 창의성 있는 업무를 통해 지식과 기술을 향상시킬 수 있다는 측면과 워터스(1988)나 닥시나무르티(1989)의 연구처럼 오히려 흥미를 감소시키고 인체에 영향을 미치는 부정적 요소가 늘어났다는 측면, 즉 정보기술 도입의 긍정적 효과와 부정적 효과의 양면성이 공존하는 현상에 따른 것이라고 분석된다.

따라서 자신이 속해있는 근무 부서의 환경과 개인적 특성에 따라 이러한 차이가 보다 분명해질 것으로 보인다. 책임감, 자기발전 요인은 비교적 낮게 나타났는데 업무를 통해 얻는 성취감이나 타인의 인정은 높아진 반면 다른 사람에 대한 권한이나 권위는 별로 높아진 것이 없고 보상차원에서의 승진기회나 장래성 등도 아직은 그렇게 높지 않다고 판단하는 것으로 설명될 수 있다. 허즈버그에 의해 환경요인으로 설정된 직무불만족요인을 보면, 상급자의 감독 방법에 약간의 불만요소가 있는 것으로 보이고 작업환경에서도 기술적 지원 수준이나 작업환경 역시 만족하지 않는 것으로 나타났지만 전체적으로 불만을 나타낼 만한 수준은 아니며 대인관계나 커뮤니케이션 측면에서도 대체로 원만한 관계가 유지된다고 분석된다.

B집단은 중위 1/2집단으로 대학도서관의 평균적인 현황으로 볼 수 있다. <표 4-8>에서 확인한 바와 같이 A집단에 비해 상대적으로 직무만족도가 떨어지지만 만족요인과 불만족요인의 분포는 유사한 점이 특징이다. 직무성취감과 직무에

대한 인정도 높은 편이고 직무 자체에서도 도전성, 다양성, 전문성의 만족도가 떨어지지만 A집단과 같이 효율성도 높은 편이다. 그러나 책임감은 전체적으로 낮고 자기발전 요인은 그 차이가 더욱 심한 것으로 나타났다.

C집단은 하위 1/4집단으로 앞의 두 집단에 비해 전체적으로 상대적인 만족감도 낮지만 내용별로는 역시 유사1한 분포를 보이고 있다. 특징적인 차이라면 대체로 높았던 직무에 대한 인정요인에서 사회적 위치가 다소 낮게 나타났고 직무 자체 요인에서도 능력 활용성, 도전성, 다양성, 독립성이 비교적 더 낮은 것으로 나타났는데 이는 취약한 자기발전 요인(2.3559-2.4237)과 관련지어 볼 수 있을 것이다. 그러나 상급자의 감독방법이나 대인관계는 가장 높게 나타남으로써 허즈버그가 제시한 물리적 환경과 인간관계 측면에서의 기본 문제는 해결된 상태로 오히려 상위집단보다 안정적인 것으로 나타났다. 이것은 대체로 C집단이 소규모 대학도서관으로 조직 규모가 단순하여 인간적 접촉이나 유대가 원만하게 이루어지고 있기 때문일 것이다. 따라서 C집단의 문제는 직무불만족요인에 있기보다는 열악한 작업환경에서 벗어나 자기발전 기회를 가질 수 있도록 동기를 마련해 줄 수 있는가에 달려있다.

4.4.2 정보기술에 대한 조직지원 수준과 직무만족

본 연구에서 고찰한 조직지원 수준은 개개의 도서관을 대상으로 구체적인 지원 내용을 조사한 것이 아니라 선행 연구

를 참조하여 참여 경영 수준, 최고경영층의 지원도 등 조직
의 여러 측면에 대한 사서의 개별 인식을 바탕으로 하였다.

4.4.2.1 정보기술 도입과정에서의 개인적인 참여도가 높을 수록 직무만족도가 높다(가설 2-1의 검증)

정보기술의 도입과정에서 개인적인 참여도가 높을수록 직
무만족도가 높을 것이라는 가설 2-1의 검증결과는 다음의
<표 4-13>과 같다. 분석결과는 p<.01에서 유의하며, 이때의
상관계수값이 .553으로 정(+)의 상관관계를 보인다. 즉, 정보
시스템의 도입에 관한 의사결정 과정에 참여하는 정도가 클
수록 직무에 대한 만족도가 높아짐을 알 수 있다.

<표 4-13> 의사결정의 참여수준과 직무만족도 간의 상
관관계

구 분		의사결정 참여수준	직무만족도
의사결정 참여수준	상관계수	1.000	0.553(**)
	유의도		0.000
직무만족도	상관계수	0.553(**)	1.000
	유의도	0.000	

** p<.01

4.4.2.2 정보기술의 도입과정이 사서직 주도로 이루어진 경우와 다른 직종 주도로 이루어진 경우에 직무 만족도에서 차이가 있다(가설 2-2의 검증)

정보기술의 도입과정이 사서직 주도로 이루어진 경우와 다른 직종 주도로 이루어진 경우의 직무만족도 차이를 분산분식을 통해 검증한 결과, 다음의 <표 4-14>와 같이 $p < .05$에서 유의도가 0.000으로 통계적으로 의미 있는 차이를 나타냈다. 세부적으로는 정보기술의 도입이 사서직 주도로 이루어진 경우의 직무만족도 평균이 3.2656으로 가장 높았으며, 다음으로 전산직＋사서직이 공동 주도한 경우가 3.1836이고, 전산직 주도는 2.8642이며, 행정직 주도는 2.7767로 가장 낮게 나타난 것으로 분석되었다.

<표 4-14> 정보기술의 도입 주도층별 직무만족도의 차이

구 분	응답자수 (%)	평균	표준 편차		자유도	F 통계량	유의도
사서직	111 (30.6)	3.2656	0.3608	집단간 분산	4	12.204	0.000*
전산직	50 (13.8)	2.8642	0.5655				
행정직	27 (7.4)	2.7767	0.6768				
사서 +전산직	171 (47.1)	3.1836	0.4005	집단 내 분산	358		
기타	4 (1.1)	3.1061	0.0580				
전체	363 (100.0)	3.1336	0.4660		362		

*p<.05

결과적으로 사서직 또는 사서직이 전산직과 함께 정보기술 도입과정에 주도적으로 참여한 경우가 그렇지 않은 경우보다 직무만족도가 크게 나타남으로써 정보기술 도입과정에는 반드시 사서직이 적극적으로 참여할 필요가 있다는 것이 입증되었다.

4.4.2.3 정보기술 도입과정에서 누가 의사결정을 주도 하였는가에 따라 직무 만족도는 차이가 있다 (가설 2-3의 검증)

정보기술 도입과정에서 의사결정 주도층에 따라 직무만족도에 차이가 있다는 (가설 2-3)을 검증하기 위하여 분산분석을 실시한 결과 <표 4-15>와 같이 p<.05에서 유의도가 0.000으로

나타나 각 집단 간 유의한 차이가 있음을 알 수 있다.

의사결정과정을 주도층별로 보면, 정보기술의 도입과정에서 전체 직원이 참여한 경우의 직무만족도가 평균 3.4653으로 가장 높게 나타났으며, 다음으로 실무자가 중심이 되었을 경우로 3.3086이며, 중간 관리자가 중심이 되었을 경우는 3.1115로 나타났다. 그러나 최고경영층이 주도한 경우는 평균 2.9746의 직무만족도로 가장 낮게 나타났다. 이러한 결과는 정보기술의 도입에 관한 의사결정이 상명하달식으로 이루어질 경우에는 직무만족도가 낮아진다는 것을 입증하고 있다.

<표 4-15> 의사결정 주도층과 직무만족도의 차이

구 분	응답자수 (%)	평균	표준 편차		자유도	F 통계량	유의도
최고경영층	105 (28.3)	2.9746	0.4691	집단 간 분산	4	10.258	0.000*
중간관리자	165 (45.5)	3.1115	0.4647				
실무자	60 (16.5)	3.3086	0.3924				
전체직원	31 (8.5)	3.4653	0.3219	집단 내 분산	358		
기타	2 (0.6)	2.9091	0.1714				
전체	363 (100.0)	3.1336	0.4660		362		

* p<.05

4.4.2.4 최고경영층의 정보기술에 대한 지원 정도가 높을수록 직무만족도가 높다(가설 2-4의 검증)

최고경영층의 정보기술 도입에 대한 지원 정도는 <표 4-16>과 같다. 전체 평균은 68.6915였으며, 표준편차는 13.8264였다. 정보기술 도입수준을 각 집단별로 보면 A집단의 지원 정도가 평균 72.1287(표준편차 12.6343)로 가장 높게 나타났으며, 다음으로는 B집단이 평균 65.3646(표준편차 12.5707)이었고, C집단이 평균 61.0169(표준편차 15.1367)로 나타나 상위집단일수록 정보기술에 대한 지원수준이 높은 것으로 나타났다.

<표 4-16> 정보기술 도입수준 집단별 최고경영층의 지원 정도

구 분		정보기술 도입수준			전체응답자
		A집단	B집단	C집단	
최고경영층의 지원 정도	평균	72.1287	65.3646	61.0169	68.6915
	표준편차	12.6343	12.5707	15.1367	13.8264

최고경영층의 정보기술 도입 지원 정도와 직무만족도와의 관계를 분산분석과 상관분석을 통해 분석했다. 분산분석의 결과는 <표 4-17>과 같다.

<표 4-17> 최고경영층의 정보기술 도입 지원 정도와
집단 간 직무만족도의 차이

구 분	응답 자수	평균	표준 편차		자유도	F 통계량	유의도
상위 집단	67	3.4587	0.3678	집단 간 분산	2	75.207	0.000*
중위 집단	187	3.0912	0.3584	집단 내 분산	360		
하위 집단	109	2.7557	0.5067				
전 체	363	3.1336	0.4660		362		

* p<.05

3개 집단으로 구분한 지원 정도는 100점을 만점으로 기준할 때, 지원 정도가 80 이상 100 이하인 집단을 상위집단, 60 이상 80 미만인 집단을 중위집단, 60 미만인 집단을 하위집단이라 하였다. 정보기술 도입에 대한 최고경영층의 지원 정도와 직무만족도 간의 분산분석결과, p<.05에서 통계적으로 유의한 차이를 보이고 있음을 알 수 있다. 구체적으로는 상위집단의 직무만족도가 평균 3.4587로 가장 높게 나타났으며, 최고경영층의 지원 정도가 낮은 하위집단은 2.7227로 직무만족도가 가장 낮게 나타난 것으로 분석되었다. 이 역시 대학도서관의 사서를 비롯한 직원들의 직무만족도를 높이기 위해서는 최고경영층의 적극적인 지원이 필요하다는 것을 입증하는 결과라 할 수 있다.

상관분석의 결과는 <표 4-18>과 같다. 최고경영층의 정보
기술의 도입지원 정도와 직무만족도 간의 상관관계분석 결과
는 p<.01에서 유의하며, 상관계수값이 0.584로서 비교적 강한
정(+)의 상관관계가 있음을 알 수 있다. 따라서 최고 경영층
의 지원 정도가 높을수록 사서의 직무만족도가 높아진다는
것을 알 수 있다.

<표 4-18> 최고경영층의 정보기술 도입 지원 정도와
직무만족도의 상관관계

구 분		최고경영층의 지원 정도	직무만족도
최고경영층의 지원 정도	상관계수	1.000	0.584(**)
	유의도		0.000
직무만족도	상관계수	0.584(**)	1.000
	유의도	0.000	

** p<.01

이상에서 정보기술 도입과정의 의사결정 참여도와 직무만족
도는 비교적 강한 정(+)의 상관관계를 갖는다는 것이 입증되
었다. 선행연구 결과에서 일부 보았듯이 루콰이어(1976)는 일
찍이 일반적으로 의사결정 투입량이 높아지는 만큼 도서관 자
동화에 대한 평가도 높아진다는 것을 입증한 바 있다(r=+
3.3432). 이는 좀 더 구체적으로 올스가드(1984)에 의해 대학도
서관에서의 사서직의 참여 경영 수준이 높을 경우에 자동화
시스템에 대한 거부감이 낮아지고 호의적인 태도를 갖게 되는

것으로 입증되었다(r= +4.65). 이후 이러한 연구의 결과는 마천트와 잉글랜드(1989), 수(1993)에 의해서도 지지되었는데, 수의 연구는 대만의 대학도서관 사서들을 대상으로 한 것으로 아시아 지역의 연구결과로서 의미가 있다. 정동진(1995)의 연구도 도서관 전산화작업에 핵심적으로 참여할수록 직무만족도가 높아진다는 연구 결과를 나타내 국내에서도 입증된 바 있다.

또한 비교적 최근의 연구 결과로서 렉키와 브레트(1997)는 캐나다의 대학도서관 사서들을 대상으로 한 연구에서 도서관 의사결정과정에 자신이 정보를 갖고 있고 논의의 대상이 되며 그 과정에 포함되었다고 생각할수록 직무만족도가 높아진다는 강력한 연구결과(r= +0.7059)를 내놓았다. 이와 같은 결과를 볼 때, 유동적인 조직 구조는 역동적이고 상상력이 풍부한 사고체계를 가질 수 있게 하므로 전문직을 위해서 바람직한 구조라고 제안한 크레스(Creth, 1995)의 의견과 같이 참여 경영의 확대가 직무만족도를 향상시킨다는 것이 입증되었다.

정보기술 도입과정에서 급격한 기술변화를 수용하기 위해 전통적인 도서관학 외에 정보학과 컴퓨터 관련 기술이 필수적으로 요구됨으로써 사서직은 전산지식이 상대적으로 풍부한 전산직의 도움과 자동화 설비의 구입과 관련하여 행정처리 등을 위해 행정직의 도움을 받아야 했다. 따라서 국내에서는 도서관의 주도층인 사서직과 다른 직종과의 마찰도 있었는데 그 중 전산화의 도입 및 운영에 있어서 도서관과 전산소 중 어떤 기관이 주도적인 역할을 했느냐에 따라 직무 만족도에 차이가 있다는 정동진(1995)의 연구결과가 있었다. 그러나 지금은 자동화의 초기 도입 시와는 달리 전산담당 사서가 존재하고 두 개의 기관을 양분하여 주도층을 구분할 수 없고, 상호 협조적이고 보완적 측면에서 누가 중심 역할을 했는지를 직종별로 구분하는 것이 자연스러우므로 본 연구에서는 사서직, 전산직, 행정직, 또는 이 들의 결합관계로 구분지어 분석했다. 이 분야에 있어서는 정동진 연구 이외에는 뚜렷한 연구결과가 없는 것 같다. 다만 최림학(1993)이 대학도서관에서의 사서직과 일반직의 직무만족도 요인을 분석하였고, 외국의 경우도 주로 행정사서와 비행정사서(Leckie and Brett, 1997) 등을 다룬다거나 대부분 인구통계학적 특성에서 부서별 차이를 취급한 정도였다.

따라서 이러한 문제는 전산사서(system librarian)가 아직 체계적으로 도입되지 않은 우리나라의 현실을 반영한 것으로 생각된다(방준필, 1997). 그러나 본 연구 결과에서 볼 때, 정보기술 도입이 사서직 주도로 이루어진 경우도 30.6%이고 전산직과 힘을 합쳐 수행한 경우도 47.1%나 되어 이 문제에 대한 갈등의 소지는 대부분 줄어들 것으로 보인다. 에드워드(1995)의 연구결과에서도 도서관 부서와 전산 부서의 밀접한 작업은 보다 증가하고 있고 전략적 차원에서는 성공적으로 진행되지만 운영 실무차원에서는 다른 에토스(ethos), 서비스 윤리, 커뮤니케이션, 영역문제 등이 제기될 수 있다고 보았는데 이는 차후의 연구과제가 될 것이다.

의사결정 주도층과 직무만족도와의 관계는 참여 경영의 수준과 관계가 있다. 소수지만 전체직원이 의사결정에 참여하는 경우의 직무만족도가 최고경영층이 주도적으로 일을 처리하는 경우보다 훨씬 높다는 사실이 입증되었다. 그러나 전체적으로 볼 때, 우리나라 대학도서관의 대부분의 의사결정은 최고 경영층과 중간관리자(74.4%)에 의해 주도되고 있음이 현황분석 결과 나타났다. 이 부분도 참여 경영차원의 조직구조 개선문제와 함께 하나의 과제로 남는다. 최고경영층의 지원도와 직무만족도는 비교적 강한 상관관계가 있는 것으로 나타났다. 집단별로 보면, 100점 기준에서 80점 이상의 지원을 받은 집단의 만족도(3.4587)가 60점 이하의 지원을 받은 하위집단의 만족도(2.7557)에 비해 대단히 높은데 그만큼 정보기술 도입과정에서의 최고경영층의 역할은 대단히 중요하다는 것이 입증되었다. 특히 본 연구에서 측정한 최고경영층의 지원도는 단일 문항의 단순 질문이 아닌 관련 분야의 대표적 선행 연구인 서건수(1993)의 연구를 참조하여 최고경영층의 도서관에 대한 기대, 실제적인 관심과 투자정도, 정보기술에 대한 지식과 기술 등을 종합적으로 평가하고자 한 것이었다. 따라서 최고경영층의 지원도는 직접적으로 도서관 정책과 관련된 것으로서 도서관 직원들의 직무만족도를 높이기 위해서는 도서관에 대한 관심과 능력을 갖고 적극적으로 봉사할 수 있는 자격 있는 도서관장이 보임될 수 있도록 제도적 장치가 마련되어야 할 것이다.

4.4.3 정보기술에 대한 개인적 준비 수준과 직무만족

4.4.3.1 컴퓨터 이용능력이 높을수록 직무만족도가 높다(가설 3-1의 검증)

정보기술에 대한 개인적 이용능력을 컴퓨터 이용능력으로 평가해 본 결과는 <표 4-19>와 같다. 점수별 분포가 크게 나타나는 가운데 60점 이하도 상당 수준(38.8%) 있는 것으로 나타났다.

<표 4-19> 개인별 컴퓨터 이용 능력

구 분		빈도	비율(%)	누적비율
컴퓨터 이용능력	40점 이하	8	2.2	2.2
	40-50점	76	20.9	23.1
	51-60점	57	15.7	38.8
	61-70점	92	25.3	64.2
	71-80점	48	13.2	77.4
	81-90점	35	9.6	87.1
	91-100점	47	12.9	100.0
	전체	363	100.0	

또한 컴퓨터를 잘 사용하는 사서(81점 이상: 22.5%)들과 그렇지 못한 사서(50점 이하: 23.1%)들의 수준 차이도 큰 것으로 보인다. 또한 전체 평균도 60-70점 사이로 대부분의 사

서들의 평균적인 능력은 그렇게 높지 않은 것으로 나타났다. 이와 같은 결과는 단일 문항의 단순 답변으로 컴퓨터 능력을 측정한 것이 아니고 측정의 신뢰도를 높이기 위하여 4개 분야의 소프트웨어 활용능력을 구체적으로 측정하였기 때문에 좀 더 실제적인 결과가 나온 것이라고 해석할 수 있다.

컴퓨터 이용능력에 따라 직무만족도에 차이가 있는가를 검증하기 위해 개인별 컴퓨터 이용능력에 따라 100점을 만점 기준으로 할 때, 80점 이상을 상위집단으로, 60점 이상 80점 미만을 중위집단, 60점 미만을 하위집단으로 구분하여 분산분석을 실시하였다. 분석의 결과는 다음의 <표 4-20>과 같다.

<표 4-20> 컴퓨터 이용능력의 집단별 직무만족도 차이

구 분	응답자수 (%)	평균	표준 편차		자유도	F통 계량	유의도
상위집단	83(22.8)	3.3498	0.4903	집단간 분산	2	15.677	0.000*
중위집단	140(38.6)	3.1368	0.3837				
하위집단	140(38.6)	3.0022	0.4809	집단 내 분산	360		
전체	363(100.0)	3.1336	0.4660		362		

* $p < .05$

분석 결과, $p < .05$에서 집단 간 유의한 차이가 있는 것으로 나타났다. 정보기술 이용능력이 가장 높은 상위집단이 평균

3.3498로 직무만족도가 가장 높게 나타났으며, 집단 간 정보
기술의 이용능력이 상대적으로 낮은 하위집단이 평균 3.0022
로 직무만족도가 가장 낮게 나타났다. 따라서 컴퓨터 이용능
력이 높은 집단이 낮은 집단보다 더 직무만족도가 높은 것으
로 분석되었다.

개인별 컴퓨터 이용능력과 직무만족도 사이의 상관분석을
실시한 결과는 <표 4-21>과 같다. $p<.01$에서 상관계수값이
0.248로 상관관계는 다소 높지 않은 것으로 나타났다.

<표 4-21> 컴퓨터 이용능력과 직무만족도의 상관관계

구 분		컴퓨터 이용능력	직무만족도
컴퓨터 이용능력	상관계수	1.000	0.248(**)
	유의도		0.000
직무만족도	상관계수	0.248(**)	1.000
	유의도	0.000	

** $p<.01$

4.4.3.2 정보기술관련 교육 및 훈련 이수 수준이 높을 수록 직무만족도가 높다 (가설 3-2)의 검증

정보기술 도입관련 교육 및 훈련정도와 직무만족도의 관계
를 분석하기 전에 사서들의 교육이수 현황을 파악하기 위하여
정보기술을 도입한 집단을 수준별로 나누어 정보기술관련 교

육 및 훈련정도를 교차 분석한 결과는 <표 4-22>와 같이 나타났다. 정보기술 도입과정에서 사전 또는 진행 중에 받은 교육은 복수응답으로 구성되었으며, 전체적으로는 비공식적 또는 학교 내에서의 훈련(187명－51.5%)이 가장 높았으며, 그 다음으로는 소프트웨어·기술 제공회사의 교육(167명－46%), 소속 도서관의 프로그램과 교육(148명－41%) 순으로 나타났다. 학원수강(23명 6.3%)의 경우는 오히려 독학(97명－26.7%)보다 낮은 것으로 나타났다.

<표 4-22> 정보기술 관련 집단별 교육 및 훈련 현황

구 분		정보기술 도입수준(명)			전체(%)
		A집단	B집단	C집단	
정보기술 관련 교육 및 훈련	교육기관의 정규강의나 세미나	66	22	10	98 (27.0%)
	비공식적 또는 학교 내 훈련	117	41	29	187 (51.5%)
	소속도서관의 프로그램과 교육	112	20	16	148 (40.8%)
	학원수강	13	10	0	23 (6.3%)
	소프트웨어·기술제공회사의 교육	93	47	27	167 (46.0%)
	동료·친구·상사로부터	63	36	26	125 (34.4%)
	독학	53	23	21	97 (26.7%)
	기타	12	1	1	14 (3.9%)

<표 4-23>은 새로운 정보기술 도입을 위한 준비가 사전 교육이나 진행 중에 훈련으로 적절하게 이루어졌는가에 대해 정보기술 도입수준 집단별로 응답한 것이다. 정보기술의 도입수준이 높은 A집단의 경우에는 보통이라고 응답한 사람이 가장 높았으며, 그 다음으로는 대체로 적절했다고 응답한 사람이 52명이었다. 그러나 B집단의 경우에는 대체로 부족했다는 응답이 35명으로 가장 높았으며, 31명이 보통이라고 응답했다. 전체적으로 A집단의 사전교육이나 진행 중 훈련이 적절했음을 알 수 있다.

<표 4-23> 정보기술 관련 집단별 교육 및 훈련이수 수준

구 분		응답자의 집단분류			응답자수
		A집단	B집단	C집단	
사전교육이나 진행 중 훈련	매우 적절했다	16	1	1	18 (5.0%)
	대체로 적절했다	52	17	14	83 (22.9%)
	보통이다	98	31	22	151 (41.6%)
	대체로 부족했다	34	35	14	83 (22.9%)
	매우 부족했다	8	11	9	28 (7.7%)
		208 (57.3%)	95 (26.2%)	60 (16.5%)	363 (100.0%)

정보기술 도입에 대한 사서들의 교육 및 훈련 이수 수준과 직무만족도의 상관관계를 분석한 결과는 <표 4-24>와 같다.

<표 4-24> 정보기술 도입에 대한 교육 및 훈련 정도와
직무만족도의 상관관계

구 분		교육 및 훈련	직무만족도
도입준비 및 훈련	상관계수	1.000	0.581(**)
	유의도		0.000
직무만족도	상관계수	0.581(**)	1.000
	유의도	0.000	

** p<.01

<표 4-24>의 상관분석 결과, 정보기술 도입관련 교육 및 훈련과 직무만족도는 p<.01에서 유의하며, 상관계수가 0.581로 비교적 강한 정(+)의 상관관계가 있음을 나타내고 있다. 즉, 새로운 정보기술의 도입을 위한 준비가 사전교육이나 진행 중 훈련으로 적절하게 이루어질수록 직무만족도가 높은 것으로 나타났다.

이상의 결과에서 정보기술 이용능력이 가장 높은 상위집단이 평균 3.3498로 직무만족도가 가장 높게 나타났으며, 집단 간의 정보기술의 이용능력이 상대적으로 낮은 하위집단이 평균 3.0022로 직무만족도가 가장 낮게 나타남으로서 컴퓨터 이용능력이 높은 집단이 낮은 집단보다 직무만족도가 높은 것으로 분석되었다. 그러나 개인별 능력과의 상관관계는 그다지 높지 않아 컴퓨터 이용능력이 높은 사서가 반드시 직무

만족도가 높지는 않은 것으로 나타났다. 컴퓨터 이용능력의 측정은 단순문항으로 자신의 수준에 대해 답하도록 묻지 않았고 워드프로세서, 스프레드쉬트/프리젠테이션, 유틸리티, PC통신 및 인터넷 활용능력 등을 종합하여 평가함으로써 측정의 신뢰성을 높이고자 했다. 전체적으로 우리나라 대학도서관 사서들의 컴퓨터 이용능력은 소프트웨어 활용능력을 기준으로 할 때 평균 68점 정도로 나타났다.

정보기술에 대한 교육 및 훈련 이수 수준과 직무만족도의 관계에 대해서는 지금까지 정보기술 도입과정에서의 교육 및 훈련의 필요성과 교육수준이 직무만족이나 태도에 미치는 영향에 관한 많은 논의가 있었다. 존(1989)은 새로운 정보기술의 적응을 위해 받은 교육적 성과를 질적 양적 측면에서 조사한 바 있고, 쇼(1986), 올스가드(1989), 닥시나무르티(1992)와 팔미니(1994)등은 도서관자동화가 직면한 가장 큰 문제로 컴퓨터 기술에 대한 훈련의 필요성을 제시했다. 특히 루콰이어(1976)의 연구를 통해 새로운 자동화 시스템과 이에 대한 사서의 인지와 태도 또는 심리적 준비는 자동화에 대한 평가를 높이는 가장 강력한 관계가 있음을 입증하였다(r=+0.8932). 또한 개인이 받은 훈련량과 매뉴얼의 설치와 같은 기술적 준비와의 관계도 상당수준 높은 것으로 밝혀졌다(r=+0.5487). 테일러(1993)는 대학도서관에서의 기술 훈련량과 교육유형에 따라 직무만족 수준이 다르다는 것을 차이검증을 통해 입증하였다. 따라서 피훈련자에 맞는 교육이 제공되어야 하고 충분한 훈련을 통한 기술적 성과가 있을 때 직무만족도가 높아진다는 사실이 입증되었다.

본 연구의 결과에서도 컴퓨터 이용능력이 높은 집단이 낮은 집단보다 직무만족도가 높고 새로운 정보기술에 대한 교육 및 훈련효과가 직무만족도에 직접적으로 연결된다는 연구결과가 나왔음을 볼 때, 사서의 개인적인 노력이 물론 필요하겠지만 이를 고무시키고 환경조성을 위한 조직적 지원도 계속되어야 할 것으로 보인다.

4.4.4 인구통계학적 특성과 직무만족

4.4.4.1 컴퓨터이용 1일 평균 근무시간량에 따라 직무만족도에 차이가 있다
(가설 4-1)의 검증

컴퓨터이용 1일 평균 근무시간량에 따른 직무만족도의 차이를 검증한 결과는 <표 4-25>와 같다. 분석결과, $p < .05$에서 통계적으로 의미 있는 차이를 보이는 것으로 나타났다. 구체적으로 보면, 이용시간이 낮은 사람일수록 직무만족도가 높은 것으로 나타났는데 한편으로는 이용시간이 많을수록 표준편차가 커지는 것을 볼 수 있다. 이것은 이용시간이 많은 사람일수록 직무만족도에 대한 응답의 폭이 넓다는 것을 반영한다. 예를 들어 단순 열람 부서와 참고봉사 부서와의 차이 등을 예측할 수 있다. 또한 일반직원에 비해 대체로 직무만족도가 높은 상위 직급자의 컴퓨터 이용 근무량이 적다는 사

실에서도 그 관계를 살펴볼 수 있을 것이다.

<표 4-25> 컴퓨터이용 1일 평균 근무시간량에 따른
직무만족도의 차이

이용시간	응답 자수	평균	표준편차		자유도	F 통계량	유의도
2시간 이내	33	3.3581	0.3650	집단간 분산	3	3.309	0.020*
3-4시간	78	3.1449	0.3907				
5-6시간	161	3.1201	0.4748	집단 내 분산	359		
7시간 이상	91	3.0663	0.5209				
전체	363	3.1336	0.4660		362		

* p<.05

4.4.4.2 소속 근무 부서에 따라 직무만족도에 차이가 있다(가설 4-2의 검증)

소속 근무 부서에 따른 직무만족도의 차이를 검증한 결과는 <표 4-26>과 같다. 분석결과, p<.05에서 근무 부서에 따라 직무만족도는 통계적으로 의미 있는 차이를 보이는 것으로 나타났다. <표 4-26>에서 보는 바와 같이 참고봉사 부서에 근무하는 직원의 직무만족도가 가장 높게 나타나고, 다음으로는 서무·행정 부서, 전산화 부서 등의 순으로 직무만족도가 높은 것으로 나타났다. 반면에 전통적으로 도서관의 주축 부서였던 목록·분류 등의 정리 부서와 열람·대출 등의 민원 부서의 직무만족도가 상대적으로 낮아 대조를 보이고 있다.

<표 4-26> 소속 근무 부서에 따른 직무만족도의 차이

소속부서	응답 자수	평 균	표준 편차		자유도	F 통계량	유의도
목록·분류	100	2.9803	0.4658	집단 간 분산	7	4.925	0.000*
수서	63	3.1934	0.4257				
참고봉사	63	3.3300	0.3767				
열람·대출	74	3.0229	0.5285				
전산화	31	3.2326	0.4434	집단 내 분산	355		
서무·행정	22	3.3154	0.3931				
고서·특수 자료	6	3.1414	0.3351				
기타	4	3.1970	0.1249				
전체	363	3.1336	0.4660		362		

* $p < .05$

4.4.4.3 성별에 따라 직무만족도에 차이가 있다
(가설 4-3의 검증)

성별에 따라 직무만족도가 차이가 있는가를 알아보기 위해 T-Test를 실시한 결과는 <표 4-27>과 같이 나타났다. 분석결과, 직무만족도에 대한 남성과 여성의 각각 두 집단 간의 평균 차이는 p<.05에서 유의한 것으로 나타났다. 남성이 평균 3.1882로 여성의 3.0798보다 직무만족도가 다소 높은 것으로 나타났다.

<표 4-27> 성별에 따른 직무만족도 차이

성별	응답자수	평균	표준편차	자유도	t 통계량	유의도
남성	180	3.1882	0.4422	361	2.230	0.026*
여성	183	3.0798	0.4835			

* p<.05

4.4.4.4 연령에 따라 직무만족도에 차이가 있다
(가설 4-4의 검증)

연령에 따라 직무만족도에 차이가 있다는 가설을 검증한 결과는 <표 4-28>과 같다. 분석결과, 연령이 높을수록 직무만족도가 높은 것으로 나타났지만 p<.05에서 통계적으로 유의한 차이는 나타나지 않았다. 따라서 연령과 직무만족도에 대한 가설은 기각되었다.

<표 4-28> 연령별 직무만족도의 차이

연령	응답자수	평 균	표준편차		자유도	F 통계량	유의도
30세 이하	43	2.9676	0.4659	집단 간 분산	3	2.351	0.072*
31-40세	192	3.1574	0.5118				
41-50세	118	3.1430	0.3790	집단 내 분산	359		
51세 이상	10	3.2788	0.3551				
전체	363	3.1336	0.4660		362		

* p<.05

4.4.4.5 근무 연수에 따라 직무만족도에 차이가 있다 (가설 4-5의 검증)

근무 연수에 따라 직무만족도에 차이가 있다는 (가설 4-5)의 검증결과는 <표 4-29>와 같다. 분석결과, p<.05에서 통계적으로 유의한 차이가 없는 것으로 나타났다. 따라서 근무 연수와 직무만족도에 대한 가설은 기각되었다.

<표 4-29> 근무 연수에 따른 직무만족도의 차이

근무 연수	응답 자수	평 균	표준 편차		자유도	F 통계량	유의 도
2년 미만	13	3.0932	0.3610	집단 간 분산	5	1.224	0.297*
2-5년	42	2.9812	0.5912				
6-10년	95	3.1534	0.5271				
11-15년	99	3.1876	0.4693				
16-19년	69	3.1335	0.3296	집단 내 분산	357		
20년 이상	45	3.1266	0.3785				
전체	363	3.1336	0.4660		362		

* p<.05

4.4.4.6 학력에 따라 직무만족도에 차이가 있다(가설 4-6의 검증)

학력에 따른 직무만족도의 차이를 검증한 결과는 <표 4-30>과 같다. 분석결과, $p < .05$에서 유의한 차이가 있는 것으로 나타났다.

전체적으로는 석사학위취득 학력의 직무만족도가 평균 3.3221로 가장 높게 나타났으며, 다음으로 박사학위취득자가 평균 3.1970으로 높게 나타났으나 2명에 그쳐 통계적인 의미는 찾기 어렵다. 대다수의 문헌정보학과 4년제 졸업자의 평균 직무만족도는 3.1273으로 보통 수준이며, 기타를 제외한 전문대 졸업자의 직무만족도가 평균 2.9606으로 가장 낮게 나타났다.

<표 4-30> 학력에 따른 직무만족도의 차이

학 력	응답자수	평균	표준편차		자유도	F 통계량	유의도
전문대학	30	2.9606	0.3687	집단 간 분산	6	2.157	0.047*
4년제 문헌정보학과	204	3.1273	0.4806				
문헌정보학과외 학과	26	3.1818	0.4543				
사서교육원	56	3.0893	0.4390				
문헌정보 관련학과 석사	43	3.3221	0.4584	집단 내 분산	356		
문헌정보관련 학과 박사	2	3.1970	0.3214				
기 타	2	2.8636	0.5785				
전 체	363	3.1336	0.4660		362		

* $p < .05$

4.4.4.7 직급 및 직위에 따라 직무만족도에 차이가 있다(가설 4-7의 검증)

직급 및 직위에 따라 직무만족도는 차이가 있다는 (가설 4-7)의 검증결과는 <표 4-31>과 같다. 분석결과, $p < .05$에서 유의한 차이를 나타내고 있다. 직무만족도가 가장 높은 직위

138

는 과장급 또는 부장급으로 평균 3.4432이고, 그 다음 주임
또는 계장급이 3.2753이며, 일반직원의 직무만족도가 3.0525
로 가장 낮게 나타나 직급 및 직위가 높을수록 직무만족도가
높은 것을 알 수 있다.

<표 4-31> 직급 및 직위에 따른 직무만족도의 차이

연 령	응답 자수	평 균	표준 편차		자유도	F 통계량	유의도
일반직원	243	3.0525	0.4543	그룹 간 분산	2	12.806	*0.000
주임 또는 계장급	104	3.2753	0.4550				
과장 또는 부장급	16	3.4432	0.3762	그룹 내 분산	360		
전체	363	3.1336	0.4660		362		

 * p<.05

이상에서 거의 모든 선행 연구결과와 같이 인구통계학적
특성이나 소속 근무 부서, 컴퓨터 이용시간과 같은 직력에
따라 직무만족도에 차이가 있다는 사실이 입증되었다. 그러
나 그동안 리넨(Reenen, 1998) 등 여러 연구자에 의해 일반
적인 경향으로 인정되었던 두 가지 요인 즉, 근무기간과 연
령은 유의한 차이를 나타내지 못하였다. 그것은 연령이 높을
수록 컴퓨터 이용능력이 떨어지고, 새로운 정보시스템의 적
응에 대한 부정적 생각이 있는가 하면 조직 환경이 연공서열
식 승진과 대우를 보장하는 과거의 일반적인 환경과는 달라

지고 있어 여러 가지 불안정한 요인이 새롭게 생기고 있다는 점에서 이유를 찾을 수 있지 않을까 생각된다. 또한 학력에 따른 직무만족의 차이가 검증되긴 하였지만 학력이 높을수록 자신의 역할 기대치가 높아 직무만족이 낮다는 다른 연구결과도 나타나는 등 과거의 일반적인 연구결과에서 벗어나고 있다는 점에서 유의해 볼 필요가 있을 것이다.

컴퓨터이용 1일 평균 근무시간량에 따른 직무만족도는 통계적으로 의미 있는 차이를 보이고 있는데 이용시간이 적은 사람일수록 직무만족도가 높은 것으로 나타났다. 또한 이용시간이 많을수록 표준편차가 커지는 것을 볼 수 있다. 이것은 이용시간이 많은 사람일수록 만족도에 대한 응답의 폭이 넓다는 것을 반영한다. 예를 들어 단순 열람 부서와 참고봉사 부서는 같은 직접봉사 부서라 할지라도 직무만족도의 차이(<표 4-26>)가 크다는 것을 유추할 수 있다. 또한 일반직원에 비해 직무만족도가 높은 상위 직급자의 컴퓨터 이용 근무량이 대체로 적다는 사실에서도 그 관계를 살펴볼 수 있을 것이다.

부서별로 직무만족도가 다를 것이라는 연구는 장희발 (1987), 함샤리(1985), 테일러(1993), 렉키와 브레트(1997) 등 여러 연구자들에 의해 조사되었다. 조사결과 장희발의 연구는 수서(3.80), 정리(3.34), 열람(2.30) 순으로 간접봉사를 담당하는 부서 직원의 직무만족도가 높게 나타났고, 함샤리의 연구에서도 기술부서(4.316), 열람부서(3.651) 순으로 나타나 간접봉사를 담당하는 사서의 직무만족도가 높게 나타났다. 테일러의 연구는 행정, 장서개발, 공공서비스, 특수집서와 보존,

기술서비스 순으로 직무만족도가 높게 나타났고, 렉키와 브래트의 연구는 행정사서와 비행정사서를 비교했는데 행정사서가 높은 것으로 나타났다.

본 연구의 결과는 참고봉사 부서, 서무·행정 부서, 전산화 부서 순으로 높고 목록·분류 부서, 열람·대출부서 등 전통적인 도서관 업무를 담당하는 부서의 직무만족도가 낮은 것으로 나타났다. 이는 선행연구를 분석해 볼 때, 도서관 계획과 대학 업무에 훨씬 더 깊이 관여하고 있다고 인식하는 부서의 직무만족도가 높다고 볼 수 있다. 따라서 전반적으로 행정부서 등 간접봉사 업무를 담당하는 부서가 단순 반복적인 업무를 주로 하는 열람·대출부서 등 직접봉사 부서보다 높은 것으로 분석된다. 다만 본 연구에서 특징적으로 나타난 것으로 참고봉사 부서의 직무만족도가 높아진 것은 과거와는 달리 디지털 환경 하에서 각종 데이터베이스와 인터넷을 연결하여 다양한 검색 도구와 접근방법을 사용하여 이용자를 도울 수 있는 체계가 마련되어 있고 상대적으로 높아진 사서직에 대한 위상을 갖게 됨으로써 직무성취감이 높아진 것이라고 설명할 수 있겠다. 그러나 이 문제는 보다 근본적인 문제로 고먼(Gorman, 1987)이 제기한 컴퓨터 기반 시스템 하에서의 전문직과 보조직의 직무 재배치 등 새로운 차원의 직무 설계문제가 대두되고 있고, 수우(1996)의 연구결과에서도 나타났지만 정보기술의 영향으로 인해 편목사서와 참고사서의 자격 구분이 거의 없어지고 있다는 점을 고려할 때, 앞으로의 정보기술의 활용과 진행 방향에 따라 상당 부분 달라질 수 있는 개연성이 있는 문제로 계속적인 연구과제가 될 것으로 보인다.

　남녀의 성별에 따른 직무만족도의 차이는 와바(Wahba, 1975), 정춘화(1986) 등의 연구를 통해 볼 때, 대부분 남자가 여자보다 더 만족하는 것으로 나타났다. 그러나 국내의 경우는 본 연구결과에서와 같이 그 차이가 크지는 않다. 그것은 국내 도서관의 경우, 여성 사서들이 반 이상 차지하고 있기 때문에 특별한 불이익은 없지만 현재의 직급이나 승진 기회 등에서 상대적으로 불만족하다고 볼 수 있을 것이다.

　직급 및 직위의 관계는 일반적인 연구결과와 같이 나타났다. 직급 및 직위가 높을수록 직무만족도가 높은 것은 책임 못지않게 권한이 따르고 의사결정과정의 지배력이 높기 때문이다. 본 연구결과를 보면 67%에 해당하는 대부분의 일반직원이 상대적으로 과장급이나 계장급보다 직무만족도가 낮은 것으로 나타나 도서관에서는 하위직 직원의 직무만족도를 높이기 위한 방안이 정책적으로 강구되어야 할 것으로 보인다.

5. 결　론

　본 연구에서는 대학도서관에 도입된 정보기술의 수준과 사서들의 직무만족도는 어떠한 관계가 있으며, 직무만족도에 중심적인 영향을 미치는 요인이 무엇인가를 구명하고자 하였다. 또한 정보기술 도입에 대한 조직의 지원수준이나 개인적 준비수준이 직무만족도에 어떠한 영향을 미치는가를 밝혀냄으로써 인적 관리 측면에서 대학도서관의 조직관리와 운영의 효율화를 도모하고자 하였다. 연구결과를 요약하면 다음과 같다.

　첫째, 기초 통계량 분석을 통해 전체 직무만족도를 조사한 결과, 자동화 환경 하에서의 우리나라 대학도서관 사서들의 직무만족도는 평균 3.1336으로 보통 수준을 약간 상회하고 있으며, 성취감과 인정요인에 대해서는 비교적 만족하는 편이지만, 자기발전과 작업환경 요인에 대해서는 대체로 불만족을 나타내는 것으로 나타났다.

　둘째, 정보기술의 도입수준에 따라 직무만족도에 차이가 있다. 정보기술의 도입수준에 따라 사서들 간의 직무만족도에 유의한 차이가 있어 정보기술 도입수준이 높은 대학도서관에 근무하는 사서일수록 직무만족도가 높은 것으로 나타났다. 또한 정보기술 도입수준에 따라 대학도서관 사서들 간의 직무만족요인에도 유의한 차이가 나타났다. 그 결과, 상위 1/4집단은 직무만족 5개요인(성취감, 인정, 직무자체, 책임감, 자기발전)과 작업환경 요인에서 다른 집단보다 높게 나타났고, 중위 1/2집단은 거의 대부분의 요인이 중간 수준이며, 하위 1/4집단은 자기발전과 직무자체 요인 등 전체적인 직무만족요인은 낮지만 조직의 감독과 대인관계 요인 등 환경 요인은 다른 집단보다 높은 것으로 나타났다.

셋째, 정보기술의 도입에 대한 경영 참여 및 조직지원 수준과 직무만족도는 관계가 있다.

정보기술 도입과정의 의사결정 참여도와 직무만족도는 비교적 높은 수준의 상관관계(r=0.553)를 나타냄으로써 정보기술 도입과정에 사서의 의사결정 참여도가 높을수록 직무만족도가 높아지는 것으로 나타났다.

정보기술의 도입이 사서직 주도로 이루어진 경우와 다른 직종 주도로 이루어진 경우와는 직무만족도에서 유의한 차이가 있다. 정보기술의 도입이 사서직 주도로 이루어진 경우의 직무만족도(3.2656)가 가장 높고, 다음은 사서직과 전산직(3.2159)이 함께 한 경우이며, 행정직 주도로 이루어졌을 때의 직무만족도(2.7767)가 가장 낮아 사서직이 정보기술 도입과정에 주도적으로 포함되어야만 사서의 직무만족도가 높아지는 것으로 나타났다.

정보기술 도입과정에서 누가 의사결정을 주도하였는가에 따라 직무만족도에 유의한 차이가 있다. 전체 직원의 합의하에 정보기술 도입이 이루어진 도서관 사서의 직무만족도(3.4653)가 가장 높았고, 최고경영층에 의해 주도된 경우의 직무만족도(2.9746)가 가장 낮았다. 실제적으로 가장 많은 주도계층으로 밝혀진 중간관리자(45%) 중심하의 직무만족도

(3.1115)가 최고경영층보다는 높았지만 실무자 중심하의 직무
만족도(3.3086)보다는 낮았다. 따라서 의사결정의 주도 계층
이 최고경영층으로부터 전체 직원으로 확대될수록 직무만족
도가 높아지는 것으로 나타났다.

　최고경영층의 정보기술 지원도와 직무만족도는 유의한 관
계가 있다. 최고 경영층의 지원 수준이 높을 때의 직무만족
노(3.4587)가 낮을 때의 직무민족도(2.7227)의 상당수준 차이
가 있으며, 최고경영층의 지원도와 직무만족도는 비교적 강
한 상관관계(r=0.584)를 나타냄으로써 최고경영층의 정보기
술에 대한 지원도가 높을수록 사서들의 직무만족도가 높아지
는 것으로 나타났다.

　넷째, 정보기술 도입수준에 대한 개인적 준비수준과 직무만
족도는 유의한 관계가 있다. 개인별 컴퓨터 능력이 높은 사서
로 구성된 상위집단의 직무만족도(3.3598)가 하위집단의 직무
만족도(3.0022)보다 높아 컴퓨터 능력에 따라 집단별로 유의한
차이를 나타냈으나, 개인별 컴퓨터 능력과 직무만족도의 상관
관계(r=0.248)는 다소 미약한 것으로 나타났다. 또한 정보기술
관련 교육 및 훈련수준은 직무만족도와 유의한 관계가 있다.
정보기술 도입과정에서 개인적으로 이수한 교육 및 훈련 수준
과 직무만족도는 비교적 강한 상관관계(r=0.581)를 나타냄으
로써 정보기술 도입에 대한 교육 및 훈련 수준이 높을수록 사
서의 직무만족도가 높아지는 것으로 나타났다.

　다섯째, 인구 통계학적 특성 및 직력에 따라 직무만족도에
차이가 있다.

사서의 컴퓨터이용 1일 평균 근무시간량에 따라 직무만족도는 유의한 차이가 있어 컴퓨터이용 근무량이 적을수록 직무만족도가 높은 것으로 나타났다.

사서의 소속 근무 부서에 따라 직무만족도에 유의한 차이가 나타났다. 부서별로 참고봉사 부서의 직무만족도(3.3300)가 가장 높고 이어서 서무·행정(3.3154), 전산화(3.2326), 수서(3.1934) 부서 등의 순서이며, 전통적으로 도서관의 기본업무를 다루는 목록·분류(2.9803)와 열람·대출(3.0229) 부서의 직무만족도가 가장 낮은 것으로 나타났다. 또한 사서의 직급 및 직위에 따라 직무만족도에 유의한 차이가 나타났다. 과장급 또는 부장급의 직무만족도(3.4432)가 가장 높고, 다음으로 주임 또는 계장급(3.2861), 일반 직원(3.0525) 순으로 직급이 높을수록 직무만족도가 높은 것으로 나타났다.

사서의 성별에 따라 직무만족도에 유의한 차이가 있어 남성의 평균 직무만족도(3.1882)가 여성의 평균 직무만족도(3.0798)보다 다소 높은 것으로 나타났다. 또한 사서의 학력에 따라 직무만족도에 유의한 차이가 있어 석사학위 소지자의 직무만족도(3.3221)가 가장 높고, 전문대학 졸업자(2.9606)와 사서교육원 졸업자(3.0893)의 직무만족도가 가장 낮은 편으로 대체적으로 학력이 높을수록 직무만족도가 높은 것으로 나타났다. 이상과 같이 대부분의 사서의 인구통계학적 특성 및 직력에 따라 직무만족도는 유의한 차이를 나타냈지만, 사서의 연령과 근무 연수에 따른 차이는 검증되지 않았다.

본 연구의 결과를 토대로 다음과 같은 제언이 가능하다.

정보기술의 도입수준에 따라 다르게 나타난 사서의 직무만족도와 영향요인의 차이를 기초로 하여 각 대학은 직무만족도를 제고하는 차원에서 정보기술의 도입수준을 높이기 위해 진지한 관심을 가질 필요가 있으며, 자체 직무만족도를 조사하여 동기유발요인을 증가시키고 불만족요인을 억제할 수 있는 대책을 마련하며, 수집된 데이터는 직무 설계에 활용할 수 있도록 지속적으로 관리하여야 할 것이다. 또한 경영 참여 및 조직지원수준과 직무만족도의 관계를 고려하여 도서관 직원들의 경영 참여의 폭이 보다 확대될 수 있도록 현재의 계층조직을 유연성 있는 조직 구조로 개편할 필요가 있을 것이다. 끝으로, 개인적인 컴퓨터 이용능력과 새로운 정보기술 시스템에 대한 교육 및 훈련수준이 직무만족도에 영향을 미치는 것으로 나타난 만큼, 사서 개개인의 노력이 전제되어야 하겠지만 조직 자체에서도 사서들의 교육적 필요성을 고무시키고 효율적인 인적관리 차원에서 교육여건 조성을 위한 행정적 지원과 장기적인 투자가 필요할 것이다.

참고문헌

강숙희. 정보기술이 대학도서관 장서개발에 미치는 영향. 박사
　　학위논문, 상명대학교 대학원, 1998.

강지연. 國會圖書館 司書職員의 職務滿足度에 관한 硏究. 國會
　　圖書館報227('93. 6), pp.32-43.

교육부 교육정보관리국. 대학도서관정보화현황. 1998.

권미아. 대학도서관 자동화가 사서들의 태도에 미치는 영향에
　　관한 연구. 석사학위논문. 이화여자대학교 대학원, 1992.

김성희. 신입사서의 직무만족에 관한 연구. 석사학위논문, 이화
　　여자대학교 대학원, 1992.

김왕동. 직무특성, 조직문화와 직무만족과의 관계에 관한 연구.
　　석사학위논문. 고려대학교 대학원, 1992.

김정욱. 도서관 직원의 직무만족에 관한 연구: 군내 대학·전문 도
　　서관을 중심으로. 석사학위논문, 경남대학교 경영대학원,
　　1994.

김포옥. "全北地域 圖書館司書職의 職務滿足度에 關한 硏究: 공공 및
　　대학도서관을 중심으로." 全北大人文論叢18('88. 12), pp.13-37.

김혜주. 대학도서관 자동화에 따른 도서관 조직변화: 경인지역
　　을 중심으로. 석사학위논문, 중앙대학교 대학원, 1995.

박미현. 대학도서관 사서의 전문성 및 동기유발요인과 직무만족 간의
　　관계연구. 석사학위논문, 신라대학교 교육대학원. 1999.

박정희. 자동화 설비의 도입이 작업자의 직무태도에 미치는 영향에 관한 연구. 석사학위논문, 단국대학교 경영대학원, 1996.

방준필. 대학도서관 시스템 라이브러리언의 작업성과를 높이는 요인에 관한 연구. 박사학위논문, 성균관대학교 대학원, 1997.

백항기. 大學圖書館 司書의 役割葛藤과 職務滿足間의 關係에 關한 硏究. 석사학위논문, 성균관대학교 대학원, 1984.

서건수. 최종사용자 컴퓨팅에서의 환경요인, 태도, 정보시스템이용과의 관계. 박사학위논문, 한국과학기술연구원, 1995.

안근석. 직무특성과 직무만족과의 관계성. 박사학위논문, 중앙대학교 대학원, 1986.

양행효. 도서관직원의 직무만족에 관한 실증적 연구. 석사학위논문, 제주대학교 경영대학원, 1997.

오세복. 대도시 교원의 여가 형태와 직무만족에 관한 연구. 박사학위논문, 부산대학교 대학원, 1999.

유길호. "대학도서관 사서들의 인구적 특성과 성격 유형 및 인지양식이 직무만족에 미치는 영향에 관한 연구." 한국문헌정보학회지 제33권 제1호, 1999. pp.49-65.

유소영. 우리나라 사서직의 직무태도에 관한 연구: 대학 및 특수도서관을 중심으로. 석사학위논문, 이화여자대학교, 1975.

유평준. "컴퓨터사용이 조직구성원에게 미치는 영향." 전산과 행정, 제12권 3호, 1990. pp.5-11.

윤영대. 대학도서관의 조직건강성 진단에 관한 연구. 박사학위논문, 중앙대학교 대학원, 1990.

이성민. 大學圖書館의 司書職과 非司書職의 職務滿足度에 관한

연구. 석사학위논문, 한양대학교 교육대학원, 1990.

이종법. 근로자의 직무만족에 관한 연구. 박사학위논문, 세종대학교 대학원, 1995.

이철찬. 대학도서관 사서의 직무만족에 관한 연구. 석사학위논문, 신라대학교 교육대학원, 1999.

임덕순. 사서의 직무스트레스 요인에 관한 분석연구: 서울시내 종합대학 도서관을 중심으로. 석사학위논문, 이화여자대학교 교육대학원, 1985.

임익권. 역무자동화가 철도종업원의 직무만족도에 미치는 영향. 석사학위논문, 인하대학교 경영대학원, 1996.

장양일. 사서직 직무의 역할모호성과 헌신도와의 관계연구: 서울 시립공공도서관을 중심으로. 석사학위논문, 고려대학교 교육대학원, 1994.

장용우. 公共圖書館 司書職의 職務滿足度에 관한 實證的 연구: 서울市立圖書館을 중심으로. 석사학위논문, 단국대학교 행정대학원, 1992.

장희발. 전문직 여성사서의 직무만족에 관한 연구: 우리나라 국립대학 도서관을 중심으로. 석사학위논문, 부산대학교 행정대학원, 1987.

전용득. 공공 조직의 구성원 직무만족에 관한 연구. 박사학위논문, 동아대학교 대학원, 1998.

전재봉. 전문직 사서의 직무의욕에 영향을 미치는 요인에 관한 연구: 우리나라 4년제 대학을 중심으로. 석사학위논문, 성균관대학교 대학원, 1977.

정경란. 司書의 職務滿足에 관한 연구: 우리나라 私立大學 圖書館을 중심으로. 석사학위논문, 경남대학교 교육대학원, 1992.

정동진. 전산시스템 운영에 있어서 사서의 직무만족에 영향을 미치는 요인연구. 석사학위논문, 성균관대학교 대학원, 1995.

정춘화. "남녀사서의 직무만족도 비교연구: 부산시내 4년제 대학 도서관을 중심으로." 東義論集, 1986. pp.223-245.

정혜경. "公共圖書館 女性司書의 職務 滿足度에 관한 硏究: 서울特別市市立 16個 公共圖書館을 中心으로." 圖書館硏究, 1988.

조성원. 참고사서의 직무만족도에 관한 연구. 석사학위논문, 연세대학교 대학원, 1996.

최림학. 대학도서관 행정에 있어서 사서직과 일반직의 직무만족 요인분석에 따른 비교 연구: 대구·경북지역 5개 종합대학교를 중심으로. 석사학위논문, 영남대학교 행정대학원, 1993.

한국도서관협회. 한국도서관통계. 1999.

한국전산원. 정보화지표를 위한 가중치 연구. 1996

한국전산원. 정보화 지수개발 및 통계관리. 1998.

한국전산원. 정보화통계집. 1999.

한국정보문화센터. 국민생활 정보화 실태 및 정보화인식조사. 1999. p.346.

한복희. "변화하는 도서관환경에 대비한 문헌정보학과의 교과과정 연구." 한국도서관·정보학회지 제30권 제2호, pp.179-198. 1999.

한상완. "디지털 시대의 도서관 환경 변화와 그 대응 연구." 한국문헌정보학회지 제32권 제2호, 1998. pp.97-120.

홍기철. 도서관 직원의 직무만족 및 직무요인 인식에 관한 연구. 석사학위논문, 성균관대학교 대학원, 1989.

홍영미. 사서직 공무원의 직무만족도에 관한 연구: 서울시내 국·공립도서관을 중심으로. 석사학위논문, 한양대학교 교육대학원, 1996.

Allen, G. G. "The Response of Professional Librarians to the Impact of Technological and Other Changes." *Australian Academic and Research Libraries*, 10, 1984. pp.129-134.

Bartlett, C. "The Relationship between Superiors' Self-disclosure, Offers of Help, Offers of Cooperation, Frequency of Contact, Trust, and Subordinates' Job Satisfaction." *North Carolina Libraries*, 56(4), 1998. pp.155-157.

Bauwens, M. "The Emergence of the 'Cybrarian': A New Organizational Model for Corporate Libraries." *Business Information Review*, 9(4), 1993. pp.65-67.

Bergen, C. *Instruments to Plague Us? Human Factors in the Management of Library Automation*. Bradford, UK. MCB University Press Ltd., 1988.

Bichteler, Julie. "Human Aspects of High Tech in Special Libraries." *Special Libraries*, 77, 1986. pp.126-128.

Blinko, B. B. "Academic Staff, Students and the Internet:

The Experience at the University of Westminster." *Electronic Library*, 14, 1996. pp.111-116.

Bothwell, I. and Lovejoy, F. "Technological Change: Experiences and Opinions of Library Workers." *Australian Academic & Research Libraries,* 18, 1987. pp.41-47.

Brunilda, Marrero. *The Relationship between Selected Job Characteristics and Job Satisfaction of Computer Programming/Analysis Practitioners within Public Utilities Corporations in Puertorico.* Doctoral Dissertation, Nova Southeastern University, 1994.

Bulaong Grace, "Man and Machine: Staff Adaptation to Library Automation." *Ontario Library Review*, 66(2), 1982. pp.35-42.

Cargill, J. Automation and the Change Process: The Human Factors. In: *Proceedings of the Conference on Intergrated Online Library Systems.* ed. by D. C. Genaway, pp.197-218. Canifield, OH, Genaway Associates, 1987.

Cohen, Dorthy. *Consumer Behavior.* New York: Random House, Inc., 1981.

Craghill, D. et al. *The Impact of IT on Staff Deployment in UK Public Libraries.* Boston Spa, British Library, 1989. British Library Research Paper 69.

Creth, S. D. *Beyond Technical Issues: The Impact of Automation on Library Organizations.* In: Questions and Answers: Strategies for Using the Electronic Reference Collection; ed. by L. C. Smith, pp.4-13. Urbana-

Champaign, University of Illinois, Graduate School of Library and Information Science, 1989.

Creth, S. D. A *Changing Profession: Central Roles for Academic Librarians*. Advances in Librarianship, 19, 1995. pp.85-98.

Cromer, D. E. and Johnson, M. E. The Impact of the Internet on Communication among Reference Librarians. Reference Librarian, 41/42, 1994. pp.139-157.

Dainoff, M. J. Learning from Office Automation: Ergonomics and Human Impact. In: Human Aspects of Library Automation; ed. by D. Shaw, pp.16-29. Urbana-Champaign, University of Illinois, Graduate School of Library and Information Science, 1986.

Dakshinamurti, Ganga. B. "Automation's Effect on Library Personnel." *Canadian Library Journal* 42, 1985. pp.343-351.

Dakshinamurti, Ganga. B. *Human Respects Development of Academic Librarians in Post-Secondary Institutions in Manitoba*. Doctoral Dissertation, The University of Manitoba, 1992. p.377.

De Klerk, A. and Euster, J. R. "Technology and Organizational Metamorphoses." *Library Trends* 37, 1989. pp.457-468.

Dumont, Paul F. and Rosenmary Ruhing Dumont, "The Information Professional and the New Technology: an Investigation of Possible Differential Response by Gender." *Library Trends*, 37(4), 1989. pp.510-520.

Dyer, H. The Impact of Technology in Library Staff. *An Leabharlann*(The Irish Library), 8(1), 1991. pp.3-17.

Edem, U. S. and Lawal, O. O. "Job Satisfaction and Publication Output among Librarians in Nigerian Universities." *Library Management*, 20(1&2), 1999, pp.39-46.

Edwards, C. et al. "Impel Project: The Impact on People of Electronic Libraries." *Aslib Proceedings* 47, 1995. pp.203-208.

Fidishun, Dolores. *Responsiveness to Computer Use and Training: Twelve Women Employees in Academic Libraries.* Doctoral Dissertation, Widener University, 1996. p.124.

Fine, S. F. *Terminal Paralysis or Showdown at the Interface. In: Human Aspects of Library Automation.* ed. by D. Shaw, pp.3-15. Urbana-Champaign, University of Illinois, Graduate School of Library and Information Science, 1986.

Fine, S. F. *Resistance to Technological Innovations in Libraries: Research Report, PartII: Data Analysis and Statistical Report.* Pittsburgh Pennsylvania: Graduate School of Library and Information Sciences, University of Pittsburgh, 1979.

Furuta, Kenneth, "The Imapct of Automation on Professional Catalogers." *Information Technology and Libraries,* 9(3), 1990. pp.242-252.

George, Machovec S. "Automation as a Cause of Stress in the Library." *Online Libraries and Microcomputers,*

8(5), 1990. pp.1-3.

Glasgow, Bonnie Jean Loyd. *Job Satisfaction among Academic Librarians*. Ph. D. Dissertation, North Texas State University. 1982.

Glogoff, S., ed. "Staff Training in the Automated Library Environment: A Symposium." *Library Hi Tech,* 7(4), 1989. pp.61 83.

Gorman, M. *The Organization of Academic Libraries in the Light of Automation*. Advances in Library Automation and Networking1, 1987. pp.151-168.

Hackman, J. R., Lawler III, E. E. and Porter, L. W. *Perspectives on Behavior in Organizations*. New York: McGraw Hill, 1983.

Hamshari, Omar Ahmad Mohammad. *Job Satisfaction of Professional Librarians: A Comparative Study of Technical and Public Service Departments in Academic Libraries in Jordan*. Ph. D. Dissertation, The University of Michigan, 1985.

Harris, R. "Information Technology and the De-Skilling of Librarians." *Computers in Libraries*, 12, 1992. pp.8-16.

Hauptman, R. and Anderson, C. L. "The People Speak: The Dispersion and Impact of Technology in American libraries." *Information Technology and Libraries*, 13, 1994. pp.249-256.

Hersey, Paul and K. H. Blanchard. *Management of Organization Behavior.* 4th ed., New Jersey: Prentice-Hall Inc., 1982.

Herzberg, F., Mausner, B. and Synderman, B. B., *The Motivation to Work.* New York: John Willy, 1993.

Herzberg. F. *Motivation People.* Management Handbook, ed. by Paul Mali. New York: John Wiley & Sons, 1981.

Hodgkinson, Christopher. *Toward a Philosophy of Adminstration.* New York: St. Martin's Press, 1978.

Horny, Karen, "Fifteen Years of Automation: Evolution of Technical Services Staffing." *Library Resources and Technical Services,* 31(1), 1987. pp.69-76.

Hunt, P. J. "Interpreters as well as Gatherers: the Librarian of Tomorrow······ Today." *Special Libraries*, 86, 1995. pp.195-204.

Ives, D. J. "Staff Empowerment and Library Improvement through Networking." *Journal of Education for Library and Information Science* 36, 1995, pp.46-51.

Johnson, P. *Automation and organizational Change in Libraries.* Boston: G. K. Hall, 1991.

Johnson. P. "Why Do Libraries Automate and What are They Missing?." *Technicalities*, 10(12), 1990. pp.5-8.

Jones, E. Dorthy, "Library Support Staff and Technology: Perceptions and Opinions." *Library Trends,* 37(4), 1989. pp.432-456.

Jurgensen, Clifford E. "Job Preferences, What Makes a Job Good or Bad?", *Journal of Applied Psychology*, 63(3), 1978. pp.267-276.

Kem, Carol Ritzen. *The Relationship between Herzberg's Motivator/Hygience Theory and Work Behavior Types of Academic Librarians in Florida.* Ph. D. dissertation, University of Florida, 1994.

Kirkland, Janice and Linda Dobb S., "The Retreat as a Response to Change", *Library Trends*, 37(4), 1989. pp.495-509.

Klein, Michele S. "End-user Searching: Impetus for an Expanding Information Management and Technology Role for the Hospital Librarian." *Bulletin of the Medical Library Association*, 85(3), 1997. pp.260-268.

Klonoff, Harry, "Measuring Staff Attitudes Toward Compu-terization." *Hospital and Community Psychiatry*, 26(12), 1975. pp.823-825.

Koohang, Alex A. "Effects of Age, Gender, College Status and Computer Experience on Attitudes Toward Library Computer System(LCS)." *Library and Information Science Research*, 8(4), 1986. pp.349-355.

Lancaster, F. W. Sandore, Beth. *Technology and Management in Library and Information Services.* Graduate School of Library and Information Science, University of Illinois, 1997.

Lancaster, F. W. Has Technology Failed Us? In: *Information Technology and Library Management;* ed. by A. H. Helal and J. W. Weiss. pp.1-13. Essen, Essen University Library, 1991.

Lancaster F. W. Librarians, Technology and Mediocrity. In: *Opportunity 2000: Understanding and Serving Users in an Electronic Library;* ed. by A. H. Helal and J. W. Weiss, pp.99-113. Essen, Essen University Library, 1993.

Lawler, E. E. *Motivation in Work Organizational.* Moterey, Calif: Brooks/cole, 1994.

Leckie, G. J. and Brett, J. "Job Satisfaction of Canadian University Librarians: A National Survey." *College & Research Libraries*, 58(1), 1997. pp.31-47.

Locke, Edwin A. *The Nature and Cause of Job Satisfaction in M. D.* Dunnette(ed), Handbook of Industrial and Organizational Psychology, Chicago: Rand McNally, 1976.

Lowry, C. B. "Putting the Pieces Together-Essential Technologies for the Virtual Library." *Journal of Academic Librarianship*, 221, 1995. pp.297-300.

Luthans, F. *Organizational Behavior.* 4th rd. New York: McGraw-hill, 1985.

Luquire, W. "Attitudes Toward Automation/Information in Academic Libraries", *Journal of Academic Librarianship,* 8(6), 1983. pp.344-351.

Luquire, Wilson Carlisle, *Selected Factors Affecting Library Staff Perceptions of an Innovative System: A Study of ARL Libraries in OCLC*. Unpublished Doctoral Dissertation, Indiana University, 1976.

McComick, Ernest J. and Tiffin, Joseph. *Industrial Psychology*, 8th ed., Englewood Cliffs, New Jersey.: Prentice-Hall Inc., 1980.

Marchant, M. P. and England. M. M. "Changing Management Techniques as Libraries Automate." *Library Trends,* 37, 1989. pp.469-483.

Marrero, Brunilda. *The Relationship between Selected Job Characteristics and Job Satisfaction of Computer Programming/Analysts Practitioners with in Public Utilities Corporations in Puertorico*. Ph. D. Dissertation, Nova Southeastern University, 1994.

Martinez-Arellano, Filiberto Felipe. *A Multivariate Analysis of Factors Influencing Promotion, Tenure, and Earnings of Academic Librarians at the National Autonomous University of Mexico*. Ph. D. Dissertation, State University of New York at Buffalo, 1996.

Milton, Charles R. *Human Behavior in Organizations*, New york: Prentice-Hill, 1981. p.506.

Nagle, E. "The New Knowledge Environment: Quality Initiatives in Health Sciences Libraries." *Library Trends*, 44, 1996. pp.657-674.

Olsgaard, J. N. *The Relationship Between Administrative Style and the Use of Computer-Based Systems: As Attitudinal Study of Academic Library Professionals.* Doctoral Dissertation, Urbana-Champaign, Graduate School of Library and Information Science, University of Illinois, 1984.

Olsgaard, J. N. "The Physiological and Managerial Impact of Automation on Libraries", *Library Trends,* 37(4), 1989. pp.484-494.

Palmini, C. C. "The Impact of Computerization on Library Support Staff: A Study of Support Staff in Academic Libraries in Wisconsin." *College & Research Libraries,* 55, 1994. pp.119-127.

Payne, P, C. "Personnel Matters: Improving the lot of Support Staff: A Matter of Respect." *Technicalities,* 19(1), 1999. pp.1, 11-12.

Plate, K. H. and Stone, E. W. "Factors Affacting Librarians' Job Satisfaction: A Report of Two Studies." *The Library Quarterly,* 44(2), 1974. pp.97-110.

Power, Caroline, "Some Effects of Library Automation", *Australian Academic and Research Libraries,* 16(3), 1985. pp.146-150.

Prasad, H. N. "Job Anxiety and Job Satisfaction Among Professional Library Employees: A Study." *Annals of Library Science and Documentation,* 41(2), 1994. pp.41-54.

Prince, B. and Burton, P. F. "Changing Dimensions in Academic Library Structures: The Impact of Information Technology." *British Journal of Academic Librarianship*, 3, 1988. pp.67-81.

Reenen, J. van. "Librarians at Work: Are We as Satisfied as Other Workers?." *Information Outlook*, 2(7), 1998. pp.23-26, 28.

Rimmer, A. and Miller, R. B. "Psychological Preparation for Automation." In: *Proceedings of the Conference on Integrated Online Library Systems*; ed. by D. C. Genaway Associates, 1987.

Shaw, Debora. "Staff Opinion in Library Automation Planning: A Case Study." *Special Libraries,* 77(3), 1986. pp.140-151.

Slater, M. *Non-use of Library-Information Resources at the Workplace.* London, Aslib, 1984.

Stoffle, C. J. et al. "Choosing Our Futures." *College & Research Libraries*, 57, 1996. pp.213-225.

Su, S. F. "Attitudes of Academic Library Professionals Towards Computer-Based Systems in Taiwan." *Journal of Librarianship and Information Science*, 25, 1993. pp.143-152.

Sweeney, R. T. "Leadership in the Post-Hierarchical Library." *Library Trends*, 43, 1994. pp.62-94.

Sykes, P. "Automation and Non-Professional Staff at the Polytechnic of the South Bank." *Training and Education,* 3(3), 1986. pp.50-56.

Sykes, P. "Automation and Non-Professional Staff: The

Neglected Majority." *Serials*, 4(3), 1991. pp.33-43.

Taylor, Willam. Ramsey. *Technological Innovation and Job Satisfaction for Level 1 Carnegie Research University Library Professionals*. Doctoral Dissertation, Peabody College for Teachers of Vandervilt University, 1993. p.98.

Tenopir, C. and Neufang, R. "The Impact of Electronic Reference on Reference Librarians." *Online*, 16(3), 1992. pp.54-60.

Thornton, J. K. "Carpal Tunnel Syndrome in ARL Libraries." *College & Research Libraries*, 58(1), 1997. pp.9-18.

Tuner, A. N. and Lawrence, P. R. *Industrial Jobs and the Worker*. Cambridge, MA: Harvard University, Graduate School of Business Administration, 1965.

Van Gils, W. "The Precarious Position between Contents and Technology: Libraries Seeking Their Future." *Electronic Library*, 13, 1995. pp.533-537.

Vroom, V. H. *Work and Motivation*, N. Y.: John Wiley and Sons, 1995.

Wahba, Susanne P., "Job Satisfaction of Librarians: A Comparison Between Men and Women." *College & Research Libraries*, 36, 1975. pp.45-51.

Waters, D. "Assessing the Impacts of Technology on Library Employees." *LASIE*, 17(1), 1986. pp.20-27.

Waters, D. "The Effect of New Technology on Prestige,

Self-Esteem and Social Relationships of University Library Employees." *LASIE*, 20(1), 1989. pp.16-22.

Waters, D. "New Technology & Job Satisfaction in University Libraries." *LASIE*, 18, 1988. pp.103-108.

Walton, Graham. Day, Joan M., Edwards, Catherine E. "Role Change for Academic Librarian to Support Effectively the Networked Learner Implications of the IMPEL Project: Impact on People of Electronic Libraries at the University of Northumbria at Newcastle." (Paper Presented at the International Symposium on Networked Learner Support, University of Sheffield, June 1996). *Education for Information* v. 14(Dec. '96) pp.343-350.

Weiss, D. J., Dawis, R. V., England, G. W., & Lofquist, L. H., *Manual for the Minnesota Satisfaction Questionnaire*(Minnesota Studies in Vocational Research Rehabilitation: 22), Minneapolis: Vocational Psychology Research, University of Minnesota, 1967.

Wilkins, C. E. *The Changing Library Environment(Information Services, Technology)*. Doctoral dissertation, University of Toronto, 1997.

Wilson, T. C. "Training Reference Staff for Automation in a Transitional Environment." *Library Hi Tech*, 7(4), 1989. pp.67-70.

Woodward, J. A. "Auto Acces or Accident Victims: Librarians on the Info Superhighway." *American Libraries*, 26, 1995, pp.1016–1018.

Xu, H. "The Impact of Automation on Job Requirements and Qualifications for Catalogers and Reference Librarians in Academic Libraries." *Library Resources & Technical Services*, 40, 1996. pp.9–31.

<부록 1> 질문지

(　　　　　　　　　)선생님께

안녕하십니까?

귀 도서관의 번창과 어려운 여건에서 고생하고 계신 선생님께 경의를 표합니다.

이올리 바쁘신 중에 번거로움을 드리게 되어 송구스럽습니다.

저는 상명대학교 대학원 문헌정보학과 박사과정 중에 있으며 학위논문으로 대학도서관의 정보기술 도입이 사서의 직무만족에 미치는 영향에 대하여 연구하고 있습니다. 선생님은 전국적으로 실시된 체계적인 표집을 통해 선정되셨습니다. 이번 연구를 통해 급속히 변화하는 정보기술 환경에서의 효율적인 인적 관리를 위한 유용한 정보를 제공할 수 있으리라 믿습니다. 바쁘시겠지만 잠깐 틈을 내셔서 응답해 주시고, 작성된 질문지는 동봉한 봉투에 넣어 2000년 3월 31일까지 보내주시면 감사하겠습니다. 우편 발송이 번거로우시면 FAX로 보내주셔도 고맙겠습니다.

보내주신 자료는 통계적 목적이외에는 절대로 사용하지 않겠습니다. 연구결과를 알고 싶으신 분에 대해서는 완성된 논문을 보내드리겠습니다.

선생님의 적극적인 협조를 부탁드립니다.

2000. 3. 20.

연 구 자: 송승섭 드림

참고: 연락처

110-110
서울시 종로구 서린동154-1 광화문우체국 6층 통일부 북한자료센터

전화 (02) 720-2429 (사무실)
(02) 999-5702 (집)
팩스 (02) 725-5752 (사무실)
E-mail: libsong@unikorea.go.kr

정보기술 도입이 대학도서관 사서에게 미치는
영향에 관한 질문지

I. 다음은 <u>컴퓨터나 정보통신 기술을 이용한 도서관자
동화나 새로운 정보시스템의 도입·활용과 직무 만족
도와의 관계</u>를 연구하기 위하여 귀하의 직무 만족도
를 조사하는 문항입니다. 해당되는 곳에 체크하여 주
십시오.

매우 만족한다. 만족한다.   어느 쪽도 아니다. 불만이다.   매우 불만이다
(대단히 높다) (약간 높다) (보통 이다)   (약간 낮다) (대단히 낮다)

⑤ ------- ④ ------ ③ ------- ② ------ ①

1. 업무 수행으로부터 얻은 성취감에 대해서는?　　⑤--④--③--②--①
2. 이용자에 대한 서비스 및 사회적 봉사로부터의 성　⑤--④--③--②--①
   취감에 대해서는?
3. 내가 한 일에 대한 상급자로부터의 인정(신뢰·칭　⑤--④--③--②--①
   찬)에 대해서는?
4. 내가 한 일에 대한 동료로부터의 인정(신뢰·칭찬)　⑤--④--③--②--①
   에 대해서는?
5. 내가 한 일에 대한 이용자로부터의 인정(신뢰·칭　⑤--④--③--②--①
   찬)에 대해서는?
6. 전문직으로서 사서직의 사회적 위상 또는 학교 내　⑤--④--③--②--①
   위치에 대해서는?
7. 자신의 능력이나 기술을 최대한 활용할 수 있는 기　⑤--④--③--②--①
   회에 대해서는?
8. 근무시간 동안의 활력 또는 활동성에 대해서는?　　⑤--④--③--②--①
9. 업무수행과정의 창의성 발휘 기회에 대해서는?　　⑤--④--③--②--①
10. 새로운 업무에 대한 도전할 수 있는 기회에 대　⑤--④--③--②--①
    해서는?
11. 여러 가지 업무를 다양하게 접할 수 있는 기회에　⑤--④--③--②--①
    대해서는?
12. 업무 처리 과정의 흥미성에 대해서는?　　　　　⑤--④--③--②--①
13. 업무처리에 대한 의견을 동료·상사·이용자로부　⑤--④--③--②--①
    터 받게 되는 기회에 대해서는?
14. 업무 처리과정의 용이성에 대해서는?　　　　　⑤--④--③--②--①
15. 업무 처리 결과의 정확성에 대해서는?　　　　　⑤--④--③--②--①
16. 업무의 처리 속도에 대해서는?　　　　　　　　⑤--④--③--②--①
17. 업무 수행을 위한 특별한 지식과 기술 개발 및 이　⑤--④--③--②--①
    용 기회에 대해서는?
18. 독자적인 자신의 일을 할 수 있는 기회에 대　⑤--④--③--②--①
    해서는?
19. 업무를 계획하고 책임을 갖고 수행할 수 있는 기회　⑤--④--③--②--①
    에 대해서는?

20. 다른 사람(직원·이용자)에 대한 권한이나 권위에 ⑤--④--③--②--① 대해서는?

21. 업무가 주는 승진 기회에 대해서는? ⑤--④--③--②--①

22. 도서관에서의 자기발전 기회 및 향후 장래성에 대 ⑤--④--③--②--① 해서는?

23. 향후 직장에서의 고용 안정성에 대해서는? ⑤--④--③--②--①

24. 상급자의 부하 직원에 대한 감독 방법에 대 ⑤--④--③--②--① 해서는?

25. 직장 상급자의 인간적 유대나 친밀성에 대해서는? ⑤--④--③--②--①

26. 직장 동료와의 인간적 유대나 친밀성에 대해서는? ⑤--④--③--②--①

27. 이용자와의 인간적 유대나 친밀성에 대해서는? ⑤--④--③--②--①

28. 직장 상급자와의 커뮤니케이션 통로(대화 채널)에 ⑤--④--③--②--① 대해서는?

29. 직장 동료와의 커뮤니케이션 통로(대화 채널)에 ⑤--④--③--②--① 대해서는?

30. 이용자와의 커뮤니케이션 통로(대화 채널)에 대 ⑤--④--③--②--① 해서는?

31. 도입된 전산시설, 장비, 기타 프로그램의 성능에 ⑤--④--③--②--① 대해서는?

32. 전산시설, 장비, 기타 프로그램의 문제 발생 시 기 ⑤--④--③--②--① 술적 지원에 대해서는?

33. 인간공학적 측면의 작업환경(조명, 작업 공간 등) ⑤--④--③--②--① 에 대해서는?

34. 업무량에 대한 만족 정도에 대해서는? ⑤--④--③--②--①

Ⅱ. 의사결정 참여도 및 최고 경영층의 지원도

1. 귀하의 도서관 자동화 등에 필요한 새로운 정보 시스템의 도입 과정은 주로 어떤 계층에 의해 주도 되었다고 생각하십니까?
   1) 사서직   2) 전산직   3) 행정직

172

4) 사서직＋전산직　　　5) 기타 (구체적으로　　　　　　)

2. 귀하의 도서관의 자동화 등에 필요한 새로운 정보 시스템의
도입에 관한 의사결정과정에서 주로 영향력을 행사한 계층은
누구라고 생각하십니까?
1) 총장, 도서관장 등 최고 경영층
2) 부장, 과장, 계장 등 중간 관리자
3) 실무자　　　　　　4) 전체 직원의 합의
5) 기타 (구체적으로　　　　　　)

3. 귀하는 도서관의 자동화 등에 필요한 새로운 정보 시스템의
도입에 관한 의사결정과정에 얼마나 참여하셨다고 생각하십
니까?
1) 대단히 많이　　　2) 약간 많은 편　　　3) 보통
4) 거의 없는 편　　　5) 전혀 없음

4. 도서관자동화 등 새로운 정보 시스템의 도입에 대하여 아래
의 사항에 관한 최고경영층(총장, 도서관장)의 지원 정도는?

대단히 높다	대체로 높다	보통	약간 낮다	전혀 없다
⑤ ------ ④ ------- ③ ------ ② ------ ①

1) 도서관 자동화에 대한 기대 정도　　　⑤--④--③--②--①
2) 도서관 자동화에 대한 투자의 적극성　⑤--④--③--②--①
3) 도서관 자동화시스템의 이용현황에 대한 관 ⑤--④--③--②--①
심도
4) 도서관 자동화 등 전산화업무에 관한 지식 ⑤--④--③--②--①
정도

Ⅲ. 정보기술 도입을 위한 사전준비 및 컴퓨터 이용수준

1. 귀하의 부서에서 새로운 정보기술 도입과정에서 사전 또는 진행 중에 받은 교육은?
   (* 받은 교육은 모두 표시해 주십시오)
   · 교육기관의 정규적인 강의 또는 세미나 (　　)
   · 비공식적 또는 학교 내 훈련 (　　)
   · 소속 도서관의 프로그램화된 교육 (　　) · 학원 수강 (　　)
   · 소프트웨어, 기술 제공회사의 교육이나 설명회 (　　)
   · 동료, 친구, 상사로부터 (　　) · 독학 (　　) · 기타 (　　)

2. 새로운 정보기술 도입을 위한 준비가 사전교육이나 진행 중에 훈련으로 적절하게 이루어졌다고 생각하십니까?
   1) 매우 적절했다.　　2) 대체로 적절했다.　　3) 보통이다.
   4) 대체로 부족했다.　　5) 매우 부족했다.

3. 아래에 제시되어 있는 컴퓨터의 기능 및 소프트웨어들에 대하여 귀하가 다루는 정도를 번호로 표시해 주십시오.
   A) 워드프로세서 · · · · · · · · · · · · · · · · · (　　)
   　　1) 키보드 조작이 미숙하며 파일 부르기, 저장 등의 기본적인 기능만 활용할 줄 안다.
   　　2) 타이핑에 숙달되어 있으며 글꼴, 문단모양, 표 편집 등의 기본적인 편집기능을 활용할 수 있다.
   　　3) 필기속도보다 빠른 타이핑능력과 단축키, 그림삽입, 메크로 등의 확장 기능을 능숙하게 활용할 수 있다.

   B) 스프레드쉬트/프리젠테이션 · · · · · · · · · · · · (　　)
   　　(* 두 가지 중 더 잘 이용할 수 있는 소프트웨어를 기준으로)
   　　1) 저장 및 불러오기와 같은 기본 기능과 기초 자료 입력, 문자로 된 프리젠테이션 파일작성 등을 할 줄 안다.

  2) 기본적인 연산기능, 차트그리기, 도형, 문서 꾸미기 등
     의 편집 기능을 활용할 수 있다.
  3) 추가 함수기능 및 차트의 편집, 애니메이션 효과, 문서
     통합 등의 고급 기능을 능숙하게 활용할 수 있다.

C) 각종 유틸리티 및 시스템관리 ·········(   )
  1) 복사, 삭제, 디렉토리 관리 등 기본적인 파일관리 기능
     만 활용할 줄 안다.
  2) 압축, 디스크관리, 바이러스 검사, 응용 소프트웨어 설
     치 등을 할 수 있다.
  3) 이용 도중 발생하는 문제들을 스스로 진단하고 해결할
     수 있으며, 시스템 설정 기능 등을 능숙하게 할 수 있다.

D) 컴퓨터통신/인터넷 활용············(   )
  1) 컴퓨터통신이나 인터넷에 접속하여 내용들을 구경하는
     정도다.
  2) 필요한 경우 업로드나 다운로드를 할 수 있으며, 검색
     기능 활용 및 E-Mail을 통한 의사교환을 할 수 있다.
  3) 다양한 종류의 데이터베이스를 논리 연산식을 통해 검
     색할 수 있으며, 뉴스집단이나 FTP 등을 능숙하게 활
     용할 수 있다.

Ⅳ. 개인적 배경

1. 귀하의 1일 평균 컴퓨터를 이용한 근무시간(평일 기준)은?
   1시간 이내-2시간-3시간-4시간-5시간-6시간-7시간 이상
    (   )　(   )（   )（   )（   )（   )　(   )

2. 최근 3년간 주로 근무했던 부서는?
　　목록·분류 (　　)　　　　　　수서 (　　)
　　참고봉사 (　　)　　　　　　열람·대출 (　　)
　　전산화 (　　)　　　　　　서무 등 행정 (　　)
　　고서·특수자료 (　　)　　　기타 (구체적으로:　　　　　)

3. 귀하의 연령은?
　　25세 미만 (　　)　　　　25세－30세 (　　)
　　31세－35세 (　　)　　　36세－40세 (　　)
　　41세－45세 (　　)　　　46세－50세 (　　)
　　51세－55세 (　　)　　　56세 이상 (　　)

4. 성별? 남 (　　)·여 (　　)

5. 직위? 일반직원 (　　) 주임 또는 계장급 (　　) 과장급 또는
　　부장 (　　)

6. 교육적 배경(모두 표시)?
　　전문대학 (　　)　　　　　　4년제 대학: 문헌정보학과 (　　)
　　문헌정보학과외 학과 (　　)　사서교육원 (　　)
　　석사: 문헌정보학관련분야 (　　)
　　박사: 문헌정보학관련분야 (　　) 기타 (구체적으로　　　　)

7. 근무 경력?
　　2년 미만 (　　)　　　2-5년 (　　)
　　6-10년 (　　)　　　11년－15년 (　　)
　　16년－19년 (　　)　　20년 이상 (　　)

8. 자격취득(모두 표시)?

준사서 (　) 　　　　　　　정사서 2급 (　)

정사서 1급 (　) 　　　　　　정보처리기사 2급 (　)

정보처리기사 1급(　) 기타 (구체적으로 　　　　)

* 끝까지 작성해 주셔서 고맙습니다.

<부록 2> 국가정보화 지표의 구성과 산출방법

국가정보화지표

□ 구성체계

o 새로운 정보화 지수는 4개 부문 7개의 정보화지표로 구성돼

부 문	지 표
컴퓨터 부문	100인당 PC 보급대수
인터넷 부문	1,000인당 호스트수
	1,000인당 인터넷 이용자수
통신 부문	100인당 유선전화 회선수
	100인당 이동전화 보급대수
방송 부문	100가구당 TV 보급대수
	100가구당 CATV 보급대수

- 각 항목의 출처는 전체적인 지수의 신뢰성을 높이기 위해 인터넷 사용자의 통계치를 제외한 모든 항목을 ITU의 통계치를 사용하고, 인터넷 사용자의 경우만 Almanac사의 통계치를 사용

- 7개 항목을 현재 다양한 정보화통계에서 지수를 산정하기 위해 포함시키고 있는 4개 분야로 통합·분류

□ 지수 산정방법

o 기준년도
  - 1995년 한국의 수준을 기준(100)으로 하여 상대적 비율에 따라 국가별·연도별 지수를 산정
o 가중치
  - 지표 간, 그리고 부문 간의 중요도는 동일하다는 가정 하에 가중치를 사용하지 않았음
  - 따라서 2개 지표(1개 지표로 이루어진 부문은 그대로 사용)의 산술평균을 부문지수로 산정
o 종합지수 산정
  - 종합지수는 개별항목의 지나친 편향을 방지하기 위해 부문별 지수의 기하평균으로 계산

* <u>1998년 이전의 정보화지표의 구성요소</u>

정보설비지표의 구성

정보설비지표	정보설비지표 Ⅰ	100인당 전화회선수 100인당 PSDN 가입자수 100인당 ISDN 가입자수 1인당 전용선 매출액
	정보설비지표 Ⅱ	통신기기, 정보기기 및 부품의 1인당 내수액 100인당 TV보급 대수

정보이용지표의 구성

정보이용지표	정보이용지표 Ⅰ (기본정보통신서비스)	100인당 국제전화이용시간 100인당 Telex 가입자수 100인당 Fax 대수
	정보이용지표 Ⅱ (고도정보통신서비스)	1,000인당 인터넷 Hosts 수 100인당 셀룰라서비스 가입자수 100인당 Radio-paging서비스 가입자수 100인당 비디오테스 가입자수 1인당 데이터전송 서비스 매출액 1인당 데이터베이스 매출액

정보화지원지표의 구성

정보화지원지표	정보화지원지표 Ⅰ (정보통신관련 투자 및 결과)	1인당 통신관련투자액 100인당 논문 발표수
	정보화지원지표 Ⅱ (정보통신관련 인력)	100인당 통신서비스관련 종사자수 100인당 연구원수

<부록 3> 대학도서관 정보기술 도입현황 평가표

연번	학교명	측정 항목						총점	비고
		DB구축 건수	운영 기기	전산망 구축	소프트 웨어	PC수	전담 직원		
1	가야	10	10	10	50	20	20	120	
2	감리교신학	10	10	10	60	30	0	120	*
3	강남	30	20	30	90	20	10	200	
4	강릉	20	20	40	60	10	10	160	
5	강원	30	20	30	70	10	20	180	*
6	건국	30	20	40	90	20	10	210	
7	건양	10	20	30	70	10	0	140	*
8	경기	20	15	40	110	10	20	180	
9	경남	30	20	30	60	20	20	180	
10	경북	30	20	40	80	20	20	210	
11	경산	10	20	20	70	20	10	150	
12	경상	30	20	30	70	20	20	190	*
13	경성대	30	15	30	90	20	20	205	
14	경원	10	20	30	80	2	10	170	
15	경주	10	15	20	70	10	10	135	*
16	경희	30	20	30	110	20	10	220	
17	계명	30	20	40	90	30	30	240	*
18	고려	30	20	30	80	30	20	210	
19	고신	20	15	30	90	30	10	195	
20	공주	20	20	40	60	20	10	170	
21	관동	20	20	20	70	10	10	150	*
22	광운	20	20	20	70	20	10	160	*
23	광주카톨릭	10	10	0	60	30	10	120	
24	국민	20	20	40	80	20	10	190	
25	군산	20	20	30	110	20	10	200	*
26	그리스도신	10	10	10	50	20	0	100	
27	금오공과	10	20	30	90	10	0	160	
28	나사렛	10	10	10	50	30	10	120	
29	단국	30	20	30	10	20	10	210	
30	대구	30	20	20	10	10	10	190	

연번	학교명	측정 항목						총점	비고
		DB구축 건수	운영 기기	전산망 구축	소프트 웨어	PC수	전담 직원		
31	대구효성카	30	20	30	70	20	20	190	
32	대불	10	15	20	60	10	10	125	
33	대전	20	20	20	90	30	20	200	
34	대전카톨릭	10	10	20	70	30	10	150	
35	대진	20	20	30	70	10	10	160	
36	더성여	30	20	40	70	20	10	190	
37	동국	30	20	40	90	30	20	230	
38	동덕여	20	20	20	80	30	10	180	
39	동서	30	15	30	60	20	10	165	
40	동신	20	20	30	80	10	20	180	
41	동아	30	20	40	100	10	20	220	
42	동양	10	20	30	90	10	10	170	
43	동의	30	10	30	90	20	20	200	
44	명지	10	20	20	80	20	20	170	*
45	목원	30	20	30	60	20	30	190	
46	목포	20	10	30	70	20	10	160	
47	목포해양	10	20	30	60	10	0	130	
48	배재	30	20	40	110	20	20	240	*
49	부경	20	20	40	70	10	20	180	
50	부산	30	20	40	70	30	30	220	*
51	부산외대	20	20	40	90	10	10	190	*
52	부산카톨릭	10	10	10	50	30	0	110	
53	삼육	20	20	20	80	30	10	180	
54	상명	30	15	40	100	20	0	205	*
55	상지	20	20	20	70	30	10	160	
56	서강	30	20	40	70	30	20	210	
57	서경	20	15	30	80	10	10	165	
58	서울	30	20	40	100	30	30	250	*
59	서울시립대	30	20	40	80	30	20	220	
60	서울신학	20	10	10	80	30	0	150	

연번	학교명	측정 항목						총점	비고
		DB구축 건수	운영 기기	전산망 구축	소프트 웨어	PC수	전담 직원		
61	서울여	30	20	20	70	30	0	170	
62	서원대	30	15	40	100	10	10	205	
63	선문대	30	20	30	100	20	10	210	
64	성결	30	15	10	60	30	10	155	
65	성공회신학	10	15	20	50	30	10	145	
66	성균관	30	20	40	90	30	20	230	
67	성신여	30	20	40	100	30	20	240	
68	세명	20	15	40	60	10	10	155	*
69	세종	30	20	30	90	30	10	210	
70	수원	20	20	20	90	10	10	170	*
71	수원카톨릭	10	10	10	30	30	0	90	
72	숙명여	30	20	30	100	20	20	220	
73	순천	20	20	30	60	10	10	150	*
74	순천향	20	20	30	90	20	20	200	
75	숭실	30	20	40	110	20	20	240	
76	신라	20	20	20	110	30	20	220	
77	아세아연합	10	10	10	80	30	20	160	
78	아주	30	20	30	90	20	30	220	
79	안동	10	20	20	90	20	10	170	
80	안양대	20	15	20	50	10	10	125	
81	여수	10	20	30	60	20	10	150	
82	연세	30	20	40	100	20	30	240	*
83	영남대	30	10	30	90	10	20	190	
84	영남신학	20	0	10	50	2	2	120	
85	영동	10	15	30	50	10	10	125	
86	용인	10	20	30	80	20	20	180	
87	우석	20	20	20	80	20	20	180	
88	울산	30	15	30	70	20	10	175	
89	원광	30	20	30	110	10	20	220	*
90	위덕	10	15	20	90	10	10	155	

연번	학교명	측정 항목						총점	비고
		DB구축건수	운영기기	전산망구축	소프트웨어	PC수	전담직원		
91	이화	30	20	40	80	20	30	220	
92	인제	30	10	30	110	30	20	230	*
93	인천	20	20	40	90	10	10	190	
94	인천카톨릭	10	10	10	50	2	10	110	
95	인하	30	20	40	80	10	10	190	
96	장로회신학	20	20	30	100	20	20	210	
97	전남	30	20	30	70	10	20	180	
98	전북	30	20	30	70	10	20	180	
99	전주	30	20	30	70	10	10	170	
100	제주	30	20	40	60	20	20	190	
101	조선	30	20	30	90	10	20	200	
102	중부	10	20	10	70	10	10	130	*
103	중앙	30	15	30	110	20	30	235	
104	창원	30	20	30	80	20	10	190	
105	청주	30	20	30	70	20	10	180	*
106	총신대	20	15	30	100	30	10	205	
107	충남	30	20	40	90	20	20	220	
108	충북	30	20	40	100	10	20	220	
109	침례신학	10	10	20	50	30	20	140	
110	카톨릭	20	20	40	100	30	10	220	
111	평택	20	15	20	70	30	10	165	
112	포항공과	20	20	30	90	10	30	200	
113	한국교원대	20	20	30	90	30	20	210	
114	한국기술대	10	15	30	70	30	10	165	
115	한국외대	30	20	30	70	20	20	190	
116	한국체육	10	20	30	60	20	10	150	*
117	한국항공	20	10	30	60	20	10	150	*
118	한국해양대	10	20	30	80	20	20	180	
119	한남	30	20	40	100	20	30	240	
120	한동대	10	20	20	90	30	10	180	

연번	학교명	측정 항목						총점	비고
		DB구축 건수	운영 기기	전산망 구축	소프트 웨어	PC수	전담 직원		
121	한림	20	20	30	50	20	20	180	
122	한서	20	15	30	110	10	0	185	
123	한성	20	15	20	80	30	20	185	
124	한신	10	20	30	70	20	10	160	
125	한양	30	20	40	100	30	30	250	*
126	한일장신	10	10	30	70	30	10	160	
127	협성	20	15	30	70	20	20	175	
128	호남	30	20	40	110	20	10	230	*
129	호남신학	10	10	10	70	30	0	130	
130	호서	20	20	30	80	10	10	170	
131	홍익	30	20	40	90	20	20	220	

※ 표본으로 추출된 27개 대학교는 *로 비고란에 표시되었음.
※ 이 표에서 사용된 통계는 한국도서관협회(1999)와 교육부(1998)에서 제공한 대학도서관 전산화 현황의 양적 수준을 본 연구에서 개발한 정보기술수준 측정방법(<표 3-3>)으로 점수화 한 것임.

SUMMERY

The Impacts of Information Technology on Job Satisfaction among Academic Librarians in Korea.

Recent development in academic libraries based on computer and communication technology brought forth convenience and effective management. However, this has raised the psychological pressure for librarians who have to adopt the innovation rapidly along with increased work load. The human factors study of information technology in university libraries have not been made, particularly, research such as job satisfaction survey have not been conducted in depth.

The purpose of this study is to maximize the efficiency of university libraries' human resources management by determining the followings: 1) the relationship between the degree of information technology implement and the job satisfaction of the librarians, 2) the main factors that affect job satisfaction, and 3) how organizational characteristics and individual characteristics affect job satisfaction.

"A table to measure level of IT" was devised, and a questionnaire based on 20 basic items of Minnesota Satisfaction Questionnaire was composed according to the frame of Hurzberg's two factors theory. 131 University libraries nationwide were classified by the level of information technology in three groups. And Questionnaire was sent to 485 librarians from 27 universities chosen by stratified sampling, from March 20 to April 10, 2000. 363 returned questionnaires were used for analysis. First, demographic and career statistics were analyzed. Test of the reliability and validity was made and yield to 25 dependent variables in 8 areas. Then basic descriptive statistics analyzed on the 25 variables. Finally the hypotheses were tested using the methods of ANOVA, multivariate variables analysis, T-test, and correlation analysis. The results of the analysis are as follows.

First, there is a difference in job satisfaction according to the level of implementation of information Technology. Librarians in advanced information systems had higher job satisfaction. Also, the motivation factor(achievement, recognition, work-itself, responsibility, self improvement) for librarians in more advanced information technology was higher than the librarians in lower level of information technology.

Second, there is a relationship between the management participation/ organizational support and job satisfaction. There was a relatively high correlation(r=0.553) between he participation in decision making and job satisfaction. When librarians participated more, job satisfaction was higher. The job satisfaction was higher when the information technology implementation was done among librarians and with IT personnels. Depending on participation and leadership in implementing the information technology, job satisfaction varied. Job satisfaction was higher when decision making was done by the majority of employees. Also, there was a relationship between the IT support of the CEO and job satisfaction. There was a relatively high correlation(r=0.553), showing higher level of job satisfaction when there was a strong support from the management.

Third, there is a relationship between individual readiness for information technology and job satisfaction. There was a significant difference in job satisfaction by the level of computer skills. Job satisfaction for the group with high level of computer skills had higher job satisfaction than the group with lower level of computer skills. However, correlation of individual computer skills and job satisfaction was rather low(r=0.248). On the other hand, training experience while implementing the information technology and job satisfaction showed a rather strong correlation(r=0.553). When the training was more intense, the level of job satisfaction was higher.

Fourth, there is a difference in job satisfaction by the demographic and career characteristics. There are difference in job satisfaction according to the numbers of hours spent with electronic resources, department, sex, academic background and rank.

Based on these research results, it is suggested that individual library must define the factors that affect job satisfaction for redesigning job description, the organization and policies of the CEO should be restructured to support so that the employee participation in management is higher, and education and training should be maintained for librarians to be more comfortable with the information systems.

• 저자 •

송승섭(宋承燮) • 약력 •

명지대학교 도서관학과 도서관 학사
성균관대학교대학원 도서관학 문학석사
상명대학교대학원 문헌정보학 문학박사
숭의여자대학 문헌정보과 겸임교수
한국기록관리학회 이사
명지대학교문헌정보학회 회장
한국문화관광정책연구원 자문위원
(사)사랑의 책나누기 운동본부 연구위원
성결대학교 북한학연구소 연구위원
명지대학교대학원, 대진대학교, 상명대학교 출강
통일부 북한자료센터 자료실장

• 주요논저 •

「대학도서관의 정보기술 도입이 사서의 직무만족에 미치는 영향」
「국가기록물로서의 '통일사료'의 관리방안」
「문헌정보학 분야에서의 적실한 '독서치료'연구와 강의를 위한 사례연구」
「북한도서관의 발전과정에 김일성이 미친 영향」
「북한의 정보화 기반과 과학기술정보시스템」
「북한 자료의 수집과 관리」
「북한의 대외용 인터넷 사이트와 내부 네트워크」
「한국 신문에 나타난 '도서관'관련 기사에 관한 분석적 연구」
「북한의 도서관 건축 유형과 특징」
「병영도서관의 역사와 발전방향」
「공공도서관에서의 일반열람실 이용자의 자료 이용 유인에 관한 연구」
「북한의 관종별 도서관 현황과 전산화」
「인민대학습당의 발전과정에 관한 문헌적 고찰」
「북한의 문화시설에 관한 연구(도서관부문)」
「병영도서관 운영모델에 관한 연구」
외 다수

대학도서관의 정보기술 도입과
사서의 직무 만족도

• 초판 인쇄	2005년 10월 20일
• 초판 발행	2005년 10월 20일
• 지 은 이	송승섭
• 펴 낸 이	채종준
• 펴 낸 곳	한국학술정보㈜
	경기도 파주시 교하읍 문발리 526-2
	파주출판문화정보산업단지
	전화 031) 908-3181(대표)·팩스 031) 908-3189
	홈페이지 http://www.kstudy.com
	e-mail(e-Book사업부) ebook@kstudy.com
• 등 록	제일산-115호(2000. 6. 19)
• 가 격	22,000원

ISBN   89-534-3355-X 93020 (Paper Book)
         89-534-3356-8 98020 (e-Book)